PUHUA BOOKS

我
们
一
起
解
决
问
题

# 费用报销规范与实操

袁国辉 著

人民邮电出版社
北京

## 图书在版编目（CIP）数据

费用报销规范与实操 / 袁国辉著. -- 北京 ：人民
邮电出版社，2023.5
ISBN 978-7-115-61595-4

Ⅰ. ①费… Ⅱ. ①袁… Ⅲ. ①会计实务－基本知识
Ⅳ. ①F233

中国国家版本馆CIP数据核字(2023)第062223号

## 内 容 提 要

费用报销工作如同一面镜子，可以照见企业管理的方方面面。它关乎企业的资金安全、账务规范与税务合规，也关乎每位员工的切身利益。

《费用报销规范与实操》一书从一线财务工作者的角度出发，立足于现行财税政策法规，详细介绍了企业费用报销的基本知识与流程，以及税务、审计的重点。全书内容从费用报销基础知识深入到报销的实际业务，重点关注发票合规性、费用归集合理性、签字手续完整性、费用报销超预算管控等问题，同时针对企业降本增效提出合理化建议。本书体例新颖，文字简洁，具有较强的实用性和可操作性，可以帮助财务人员夯实工作基础，提升账务处理能力。

本书既适合企业一线会计人员及财务管理人员阅读使用，也可以作为财税培训机构与财经院校相关专业课程的学习用书。

◆ 著 袁国辉
责任编辑 付微微
责任印制 彭志环
◆ 人民邮电出版社出版发行 　　北京市丰台区成寿寺路 11 号
邮编 100164 电子邮件 315@ptpress.com.cn
网址 https://www.ptpress.com.cn
北京天宇星印刷厂印刷
◆ 开本：880×1230 1/32
印张：7 　　2023 年 5 月第 1 版
字数：140 千字 　　2025 年 4 月北京第 8 次印刷

定 价：59.00 元
读者服务热线：（010）81055656 印装质量热线：（010）81055316
反盗版热线：（010）81055315

在很多企业中，有一项重要的会计核算工作没能得到应有的重视，这项工作就是费用报销。一方面，费用报销工作规则性强、简单、重复，不易引起企业管理者的重视；另一方面，费用报销的工作量占会计核算工作量的 70% 以上，仅从这个角度而言，它是一项重要的工作。费用报销工作这两个方面的特征在大多数企业一直矛盾般地存在着。

费用报销工作如同一面镜子，可以照见企业管理的方方面面。签字流程与权签（指履行签字审批的权利）额度体现了企业的内控水平；发票审核与费用归属可折射企业的税控风险意识；有无私费公报、铺张浪费可甄别企业高管的廉洁自律情况；费用增减动向则能透视企业的运作效能。

实务中，许多企业的费用报销瑕疵较多，存在替票、白条、套现及替薪等现象。这些都给企业带来了极大的财务风险与税务风险。另外，我注意到一个现象，因费用报销的合规性问题，会计人员很容易和业务人员发生争吵。探究根由，会计人员能说出一堆道理。可争吵总是不雅的，如何避免这种无谓的争吵呢？一方面需要会计人员具备扎实的专业知识，另一方面需要会计人员具备良好的沟通技巧。

大概三年前我有了出版《费用报销规范与实操》一书的想法。想法只是做成事情的种子，种子能否生根发芽取决于后面自己是否浇水施肥。万幸，我很珍惜这颗种子，今天它不仅破土成苗，而且还开出了灿烂的花朵。

《费用报销规范与实操》是我在人民邮电出版社出版的第八本书，这本书能顺利出版，感谢人民邮电出版社编辑人员的付出，感谢韩敏、郭建敏、吴利梅、柏苹、范宏远、简志豪等朋友为本书友情审稿。

本书既是实务概述，也是方法论讲解，写这本书并不轻松，直到出版前的这一刻我都是战战兢兢的，生怕这本书有不妥之处，毕竟会计实务时刻处于变化之中。如果读者朋友们对书中的观点有不认同之处，或者发现书中有错讹，可关注我的公众号"指尖上的会计"留言告知，以便本书加印或再版时予以修正。

一转眼，自媒体"指尖上的会计"走过十年了，感谢粉丝朋友们与读者朋友们一路相伴。"指尖上的会计"将永远与会计实务同频共振，内容会不断推陈出新，敬请大家关注。

袁国辉

2023 年 3 月 5 日于北京

# 目 录

CONTENTS

## 第三章　常见费用明细科目的报销

## 第四章　特殊的费用报销事项

## 第五章　员工奖励与福利的报销规范

## 第六章　劳务费的报销规范

## 第七章　研发费用报销那些事

## 第十一章　降成本费用是财务管理永恒的主题

# 第一章

## 费用报销的流程与规范

在企业所有财务管理流程中，费用报销流程几乎都是最先建立的，它也是被执行得最为严格的。费用报销关乎企业的资金安全、账务规范与税务合规，也关乎每位员工的切身利益，因此企业对费用报销流程的制定不可不慎。完善的费用报销流程是财务管理理论与财务管理实践的有机结合，它既需要事先科学规划，也需要在执行中严格把关；它一方面要防住风险，另一方面要确保效率。费用报销流程在预防企业风险时，不能矫枉过正，不能为追求绝对安全而影响运作效率。

# 1. 费用报销如何做到及时、规范、高效

绝大多数会计人员的职业生涯是从做出纳开始的，费用报销是出纳工作中很重要的一项。费用报销看起来简单，但真要做起来门道却不少。如何让费用报销工作做到及时、高效、规范呢？下面几点建议可供参考。

## （1）费用报销制度条文要明细化

费用报销要做到及时、规范、高效，最好制度先行，财务部要制定明确的规章制度。制度条文一定要做到足够明细化，让各种可能出现的报销场景都有相应的约定。

例如，员工出差有出差补贴，要计算补贴的天数，那么天数怎么算呢？

员工 8 月 1 日出差，8 月 2 日回来，算一天还是算两天？算头不算尾的话，只需给一天的出差补贴。头尾都算，就应给两天

的出差补贴。

特殊情况来了，员工结束出差，8月2日乘飞机抵达本地机场时是晚上11点，打出租车到家时是8月3日零点四十分。那么，公司计算出差补贴时，要不要多计一天呢？这就有争议了。如果差旅费报销制度能约定清楚，出差返回时间以抵达公司所在城市的时间为准，就不会有争议了。

### （2）特殊事项要有替代方案

款付出去了，却没有发票，费用怎么报销呢？很多会计人员常纠结于此。

例如，公司派遣工程人员到山区铺设网络，两个月的时间吃住都在老乡家。项目结束后，工程人员给了老乡3 000元作为酬谢，没有发票，这笔费用该如何报销呢？此时，会计人员若一味地强调凭票报销，显然不合理。

对此，有家公司就设计了替代方案。该公司按艰苦程度把出差地划分为ABCD四类：A为一二线城市，B为三四线城市，C为五线以下城市及乡镇，D为农村、山区与其他艰苦地区。对出差到D类地区的，该公司实行差旅费包干制，给予出差人员更高的出差补贴。

### （3）新生事项预留例外通道

这里所说的新生事项，是指费用报销制度中没有约束，以前也没有发生过的费用报销事项。对于这样的事项，财务部事先要考虑充分一些，预留出处理办法，等到事情真的发生了，才不至于手足无措。需要注意的是，新生事项有了处理先例后，财务部应总结规律，将处理办法补充进费用报销制度中。

### （4）培训宣贯先行

费用报销制度出台后，不能一发文就了事，必须通过宣讲、培训将制度精神传达给所有员工，并预留出制度实施的前置时间。大企业一般会在新员工入职培训时安排一门"员工如何报销费用"的课程，这门课程会把财务部的要求以及有关发票的知识点告知员工，从而帮助员工正确认识企业的费用报销制度。例如，很多员工不清楚增值税专用发票与普通发票的区别，不明白为什么财务部要求报销人尽量索取增值税专用发票，通过培训，可让员工充分了解增值税专用发票是可以认证抵税的。

另外，财务部要积极宣传官方发布的各类财税新政策、新法规，如建立公众号推送相关解读文章、拍短视频介绍相关知识点，这些都是较好的宣传手段。

### （5）找准审批关键节点

员工报销费用时，往往要找多位领导审批，审批结束才能将报销单据提交到财务部，由财务部安排打款。对于费用报销的审批，不同的企业有不同的要求。企业规模越小，审批流程越简单；规模越大，审批流程越复杂。

在一些大的集团公司，员工报销一笔费用往往需要经过十多个领导审批。从内控角度来看，员工报销小额费用，有三个人审批足可控制住风险了。为什么审批流程会如此烦琐呢？这是值得我们深入思考的问题，本章"2. 费用报销的审批流程"对此会有详细说明。

### （6）约定费用报销时限

费用发生后，当事人应及时将费用发票提交到财务部申请报销。一般来说，费用不宜跨年报销。维护费用报销的时效性，一方面可以降低费用报销的差错率，另一方面也可以保证会计报表里成本费用入账的及时性，进而避免会计信息失真。维护费用报销的时效性，既需要报销人及时报销，也需要审批人尽快审批。

### （7）集中处理

费用报销大都是小金额，但费用报销的单据量却是大批量。

假设企业有上千名员工，费用发生后，如果员工随时都能到财务部报销，会计人员会苦不堪言。我以前所在的公司就面临这样的问题。从周一到周五，从上午到下午，总有人过来报销费用，财务部就像茶馆一样，不断有人进进出出。这极大地影响了财务部开展其他工作。

后来有人提议，费用报销集中在每周二、周五下午处理。经常报销费用的员工，建议尽可能每月集中报销一次。这个提议被采纳后，财务部费用报销工作的效率高了许多，也轻松了许多。

### （8）IT 与人工智能替代

费用报销审批工作量大、规则性强、控制节点少、执行简单，这几个特点很符合人工智能作业的要求。费用报销前端的审批、中间的做账、后端的打款，都可实现人工智能化处理。

一家企业的费用报销量即便很大，涉及的类型也不会太多，费用报销规则性强、重复、机械的特点特别适合 IT 数据化。大型集团公司如果建立了财务共享服务中心，再借助人工智能，费用报销就可能做到由系统自动处理。这样一来，费用报销的工作量会大大减少。

例如，通过 OA（办公自动化）系统可在审批环节实现电子审批，把人跑路变成计算机跑路；在单据流转环节可实现集中快递至财务共享服务中心；在付款环节通过 OA 与网银对接可实现批量转款；在账务处理环节能够实现会计分录系统化处理，从而替代手工录入会计分录。

## 2. 费用报销的审批流程

### （1）导致费用报销审批流程冗长的原因

员工日常费用报销涉及的金额一般不大，审批流程无须过长。可随着企业逐渐做大，有个现象会不自觉地呈现出来，即费用报销的审批流程变得越来越长。

某大型软件公司的工作人员曾把他们公司办公 App 上的费用报销审批流程截图发给我看。截图显示，一笔几千元的费用报销，前面已有十位领导审批过，后面还有三位领导待审批。

看到这个截图，我颇有感慨。何至于此呢！对这样的现象稍加分析，我认为导致费用报销审批流程如此之长的原因可能有以下三个。

第一，财务部对审批关键责任人是谁未作认真思考。财务部虽不能决定费用报销的审批流程，但这个审批流程一般要由其主导设计，可惜相关负责人并不了解费用报销的关键控制节点在哪，也不清楚关键控制节点应由谁来把关。如上例，该笔费用报销本来三个人审批就够了，可财务部搞不清楚应由哪三个人审批，既然搞不清楚，干脆让所有相关领导都审批一遍，这样就可以控制住风险。只是这样一来，费用报销的无效控制节点便被凭空增加了。

**第二，财务部在设计审批流程时，未把审批权与知情权分开。**谁受益，谁审批；谁审批，谁负责。按这个逻辑，仅由对费用报销事项把关的人审批即可，其余领导如需知情，报销人可将费用报销电子审批流程在 OA 系统中抄送给他。

**第三，或许财务部相关负责人存在自私心理，为自身免责留下余地。**如果只有三个人签字，财务部肯定有人要审批，这时就要承担 1/3 的责任。如果审批的人数多一些，有 13 个人，那财务部审批人的责任一下子就降到 10% 以下了。倘若财务部相关负责人真这么想、这么做，就是滥用谨慎性原则。谨慎性原则没有错，但若滥用了，无异于财务部在给业务运行人为制造障碍。

## （2）员工费用报销的审批流程

企业员工费用报销的审批流程其实都差不多，先由报销人把发票粘贴好，贴在企业专门印制的粘贴单上，然后贴上费用报销单。建议报销人先把费用报销单上的信息填好，再贴到粘贴单上，之后再逐级请领导审批。

### • 员工费用报销需要哪些领导审批

员工费用报销具体都需要哪些领导审批呢？以中等规模企业员工费用报销为例，一般先由员工所在部门的经理签字审批；部门经理审批后，提交财务部费用会计审核；费用会计审核后，再由财务总监（或财务经理）审批；之后由报销人所在部门的主管副总经理审批；最后可能还需要公司总经理审批。

全部审批流程完成后，报销人就可以拿着签好的报销单（附发票）到财务部报销费用了。出纳人员会先对报销单据的合规性、报销金额的准确性、审批流程的完整性进行审核，审核无误后支付报销款，然后将已加盖"银行付讫"印章的报销单提交给费用会计做账。

费用报销的审批流程可长可短，可以是一个领导审批，也可以是多个领导审批。有的企业就实行"一支笔"审批制，员工费用报销经最高领导一人审批即可。有的企业实行分层级审批制，员工报销费用时需逐级找相应的领导审批，低层级的领导审批完，才能找上一级的领导审批。还有的企业实行授权审批制，报销金额低于一定额度时，企业授权某一级别的领导做最终审批。如果企业制定了费用预算，员工在预算范围内报销费用，审批流程可作简化。

- 费用报销审批人的关注点

针对员工费用报销，各级审批人的关注点，即需要把关的内容是不一样的。

为什么要部门经理签字呢？因为部门经理是报销人的直接领导，最了解下属所报销费用的实质。为了佐证费用的真实性，自然需要部门经理审批确认。

财务部费用会计主要审核四个方面：

一是审核报销内容是否符合企业规定，有无虚假报销的情况；

二是审核发票，看发票有没有不合规的问题；

三是审核报销金额，看报销金额与发票金额是否一致；

四是审核预算，看费用报销是否在预算范围内。

财务总监的审批更多是履行监督权，搞清楚资金的走向，弄明白预算的执行情况。主管副总经理的审批相对重要，报销审批是否能通过，主要由他把关。

也有一些企业审批流程要走到总经理那儿，甚至所有员工费用报销都需要总经理审批。规模小的企业可以这样操作，但若企业规模较大，仍要求总经理逐笔对员工的费用报销进行审批，就不合理了。这时，总经理不妨授权各主管副总经理，让他们对金额较小的员工费用报销做最终审批。

员工费用报销确需由总经理做最终审批的，一般有以下几种情形：

一是企业规模较小，员工人数很少；

二是企业制度流程缺失，内部控制体系不健全，总经理对企业管理不放心，企业所有支出都要由其把最后一道关；

三是企业没有实行预算管理，总经理认为自己有必要及时知道钱都花到哪里去了；

四是员工费用报销金额较大，超出了主管副总经理的审批权限；

五是费用性质特殊，如报销业务招待费等享受型费用。

### （3）中层干部的费用报销审批流程

以上所讲的费用报销审批流程，是针对企业一般员工报销费用而言的。对于企业的中层干部，他们的费用报销审批流程又该如何制定呢？企业中层干部的费用报销审批流程可以相对简练些，除财务部费用会计审核外，只需财务总监、主管副总经理、总经理审批即可。

### （4）企业高管的费用报销由谁审批

副总经理以上的高管报销费用，应由谁审批呢？要回答清楚这个问题，不妨先把高管分为三类，再逐类予以说明。

第一类：副总经理。副总经理报销费用一般实行双审批制，由财务总监和总经理两人审批。

第二类：财务总监。财务总监报销费用由总经理一人审批。

第三类：总经理。总经理报销费用由谁审批呢？只能倒过来，由财务总监审批。也有一些企业规定总经理报销费用由董事长和财务总监审批。如果企业董事长是全职的，他的费用也在企业报销，一般由财务总监和总经理联合审批。

关于费用报销审批流程的问题，最后强调一点，勿张勿驰。一方面，审批流程要真正起到监控作用，让员工费用报销合法、合规、合理；另一个方面，审批流程要简约高效，不可虚增无效审批节点，避免因审批流程冗长影响企业的运作效率。费用报销审批流程要兼顾风控与效率，要旨是找出关键控制节点，会计人员只对关键控制节点把关。

## 3. 请款时已审批，报销时要再次审批吗

"费用预算已通过总经理审批了，费用报销时还需要总经理再次审批吗？"

"合同签署时已走过审批流程了，付款时还需要再走一遍审批流程吗？"

"借支备用金时已走过审批流程了，报销时还需要再走一遍审批流程吗？"

这几个问题是类似的，都涉及是否要重复走审批流程。现实中的确有不少企业存在同一经济事项二次审批的问题。二次审批可视作重复审批，一而再地审批目的是控制风险，但重复审批的弊端也很明显，影响效率。能否把重复审批精简呢？精简重复审批后，会增加风险吗，资金安全能控制住吗？这是值得我们关注的问题。

以采购为例，签署采购合同时，需走一遍审批流程；申请资

金支付采购款时，又需走一遍审批流程；拿到发票后，做报销处理，是否还需走一遍审批流程呢？对于这个问题，我们可从以下两个角度去看：

第一个角度，请款（指向财务部申请支付款项）审批与报销审批的权签人是否完全相同；

第二个角度，请款事项和报销事项是否完全相同。

我们先看第二个角度，如果请款时的内容是买计算机，实际却买了冰箱，报销时重走审批流程是必需的。理论概括为，资金实际用途与资金申请意图不完全一致的，报销时必须重走审批流程。

在资金实际用途和资金申请意图完全一致的情形下，我们再来看第一个角度。

如果权签人完全相同，那么报销时没必要重走审批流程，会计人员做必要的复核即可。此种情形下，申请资金与后面的发票报销是同一经济事项，两次审批实质是重复的。既然申请资金时已执行了审批流程，费用报销时不妨简化处理，无须再作审批。

如果权签人有部分不一致，在电子流程审批的情形下，可关联请款审批流程，让请款时未审批的权签人单独审批即可。如果企业仍采用纸面审批方式，那么只能全部再走一遍审批流程了。为方便大家理解，我就上述观点画了一个示意图，如图1-1所示。

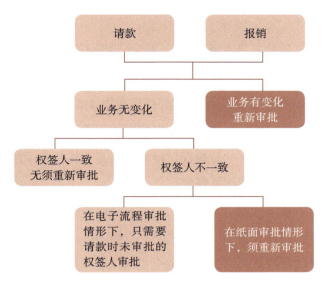

**图 1-1　费用报销重新审批的电子流程与纸面流程**

回到本小节开头的三个问题。

"费用预算已通过总经理审批了，费用报销时还需要总经理再次审批吗？"

**答**：不需要。

"合同签署时已走过审批流程了，付款时还需要再走一遍审批流程吗？"

**答**：当合同签署流程与资金审批流程一致时，资金支出如完全符合合同条款，无须重复审批。

"借支备用金时已走过审批流程了，报销时还需要再走一遍审批流程吗？"

**答**：借支的备用金使用用途与借款时约定用途一致的，无须重复审批。

有个实际的问题值得注意，假如报销时不再重复审批了，领导如何知道预算的执行进度呢？这个问题涉及审批权和知情权的划分，虽然不再重复审批了，但要推送电子流程链接给相关领导，好让领导知情。财务部也可以使用内部管理报表，以周或月为周期汇总相关预算执行情况，标示出预算与执行实际情况的差异点，并将报表报送相关领导。

设计审批流程时，为了追求绝对安全而影响效率是一种认知误区。审批流程大而全，风险未必一定会降低。但有一点是必然的，这样的审批流程势必会导致企业内部运作效率降低，还会因此而增加企业的管理成本。如果某一经济事项的关键责任人没找准，再多的审批也无济于事。问题的"痒点"是，关键责任人是谁？找准了关键责任人也就找准了度。审批的核心思想是：谁受益，谁负责；谁负责，谁审批。依据这一核心思想，找准关键控制节点，并将之把控到位，审批流程将会精简许多，而风险照样可控。

## 4. 审批流程不能为追求绝对安全而影响效率

资金支出审批签字是重要的内控手段。审批流程关乎安全与效率，流程太简单，可能加剧风险；流程冗长，势必降低效率。审批流程变长，等于默许管理者追求内控安全可损伤运作效率。

大多数人或许会觉得安全比效率更重要，为企业经营安全，损失一些效率是可以接受的。正因为存有这样的心理，一些企业冗长的签字流程被不断固化，不断强化。财务部出于免责的考虑，在此过程中不乏推波助澜之嫌。

某世界 500 强企业财务部曾因"一次付款的艰难旅程"，被该公司创始人签发电邮批评。这位创始人在电邮中签署的意见如下："据我所知，这不是一个偶然的事件，不知从何时起，财务忘了自己的本职是为业务服务、为作战服务，什么时候变成了颐指气使，皮之不存、毛将焉附。我们希望在'××社区'上看到财经管理团队民主生活发言的原始记录，怎么理解以客户为中心的文化。我常感到会计人员工资低，拼力为他们呼号，难道呼号是为了形成战斗的阻力吗？"

从这一案例可见，审批流程一味追求安全，并非就是企业管理所期许的。设计审批流程的目的是控制风险，只要目的能达到，流程应该越精简越好。

从内部控制的角度看，一个经济事项有三位负责人把关就够了，多出来的审批并不能增进对风险的把控，它们要么是跟风走形式，要么是知情权升格为审批权后的赘余。这种自以为稳健的审批流程有如传染病，会愈演愈烈，直至成为企业发展的绊脚石。

审批流程要简政，简政的思路一言以蔽之，就是"让听得见炮声的人做决策"。

# 5. 如何建立规范的员工费用报销流程

一般企业的费用报销流程普遍存在以下两个问题。

第一，审批流程长，需要挨个找领导审批，效率低下。例如，员工找领导审批报销单时，领导正在打电话或与人谈事情，报销人员不便贸然闯进去，只好在门外等待或先离开，下次再去，非常耽误时间。

第二，每笔报销单都要提交财务部审核，容易把财务部正常的工作节奏打乱。

华为公司创建初期员工费用报销是怎么做的呢？与一般中小企业的做法类似。但现在华为公司的员工报销费用，既见不到会计人员，也见不到出纳人员。华为公司实现了费用报销 IT 流程化处理。下面就以华为公司为例来讲述企业应如何建立规范的员工费用报销流程。

## （1）员工费用报销流程环节的优化

智能手机尚未普及时，华为公司就已在互联网上开发了员工自助费用报销系统。能上网的地方，公司员工就能登录员工自助费用报销系统填写费用报销单，填写完毕后，系统会自动将费用报销单提交领导审批。现在除了网页版的 SSE（员工自助报销系统），还有手机 App 版的员工自助费用报销系统，员工填报费用报销信息更加便捷。

以差旅费报销为例，员工先上网填报差旅费报销信息，信息流转到主管领导处；主管领导需确认差旅事项的真实性及费用的合理性；主管领导确认后，再由上级权签人审批。同时，报销人员需将费用报销单打印出来，附上相应的发票，提交给部门秘书。秘书会集中将部门内员工的费用报销单快递至财务共享服务中心。财务共享服务中心签收后，出纳会集中打款。这时，整个报销流程结束，接下来就该会计做账了。

与早期员工费用报销流程相比，华为公司财务部对以下几个流程环节进行了优化。

- 审批环节，由电子审批代替人工审批。以前报销人员必须找到领导面对面签字，现在电子流程审批即可。

- 单据流转环节，实现集中快递处理。以前是报销人员挨个拿着单据送到财务部，现在只需快递至财务共享服务中心。

- 付款环节，系统批量处理代替了逐笔打款。以前要由出纳一笔一笔给报销人员打款，现在系统能归集员工姓名、身份证号、银行账号等信息，与网银对接后可批量转账，大幅减少了出纳的工作量，也降低了转款的差错率。

- 账务处理环节，由系统自动化处理代替手工录入。以前每报销一笔费用，会计就要做一笔分录，这样不仅效率低下，而且容易出错。现在华为公司已部分实现账务处理人工智能化，通过员工自助费用报销系统与财务软件对接，系统可直接生成费用报销的会计凭证。华为公司的财务总监在 2017 年新年致辞中提到，"在会计核算领域，我们积极尝试自动化、智能化，将标准业务场景的会计核算工作交给机器完成。目前，年平均约 120 万单的员工费用报销，员工在自助报销的同时，机器根据既定规则直接生成会计凭证。"

### （2）费用报销审批要求

**首先，由主管领导对下属费用报销的真实性和合理性把关。**

华为公司的会计人员一般不对费用发票做实质性审核，主要原因在于：第一，费用的真实性应由报销人员的主管领导把关，因为他们才真正知情；第二，费用审核工作量很大，成本效益上不划算。

例如，公司全年 120 万单费用报销，每一单审核需要 3 分钟的话，总计耗时 360 万分钟。这 360 万分钟的费用审核需要多少人工去完成呢？

可能有人担心另一个问题，若出现虚假报销该怎么办？除了前端主管领导的把关，华为公司在后端通过审计抽查对此予以监督。审计抽查是一种事后监控模式，如果抽查发现有问题，弄虚作假者会受到较重的处罚。

**其次，限定领导电子审批的时间。**

为了保证费用报销审批的及时性，华为公司规定了电子审批的时限。自电子流程流转到审批人之日起，超过一定时间没有审批的，系统将自动跳转到下个环节，默认本环节审批人已经同意。当然，默认审批通过后出了问题的，责任由该审批人承担。另外，公司会定期提取审批时效记录予以通报，超时审批会给予批评。

再次，限定员工费用报销的时限。

华为公司员工费用报销原则上要在费用发生后三个月内提交申请。超过三个月，但未超过六个月的，须说明未及时报销的原因，申请特批；超过六个月的，不予报销。

最后，丢失发票只报销费用的 50%。

如果员工不小心将发票弄丢，只要能证明费用真实发生了，也可以报销。但报销时需要提交详细的情况说明。审批通过后，可报销费用的一半。

为什么只报销一半呢？一方面，发票丢失了，所报销的费用不能在企业所得税税前扣除，这意味着公司要承担企业所得税损失，这部分损失是员工造成的，理应由员工承担；另一方面，少报销的部分带有处罚性质，可视作对个人粗心大意弄丢发票的惩处。

## （3）内审对员工费用报销的监督

华为公司给每个员工都建立了费用报销诚信档案，每个员工都有诚信分值。这个分值会决定个人费用报销被审计抽查的概率。

员工刚入职时初始分为80分，以后每报销一笔费用，若没有出现差错，就可以加1分，最高可累加到120分。诚信分数为80~90分的，内审的抽查比例是20%；90分以上的，抽查比例是10%；100分以上的，抽查比例是5%。分数在80分以下的，所有的费用报销都需要检查。另外，分数低于70分的，每笔费用报销财务部都要事先审核，这将导致费用报销时限拉长。

华为公司的审计对费用报销的抽查非常严格，即便对公司高管也不例外。例如，华为公司的差旅费报销制度规定，只有病员出差才允许有人陪同，领导出差时陪同人员的机票不能在公司报销，需由领导个人负担；出差期间的洗衣费不允许报销，等等。这些都属于不当报销。年末，内部审计要对董事会成员进行廉洁审计，如有不当报销，会被写进审计报告。

## （4）公司内审对领导审批权的监督

前面提到，华为公司员工的费用报销一般情况下财务部不会——审核，主要由主管领导把关。如果主管领导把关不严怎么办？例如，公司某位领导对下属的费用报销审核未能认真履责，导致报销了一些不当费用，审计抽查时发现了这一情况，要怎么处理呢？

第一，公司会要求这位领导承担连带赔偿责任，如不当报销费用的员工已离职，由审批人赔付不当报销金额。

第二，停止这位领导费用报销权签权力三年。如果这位领导本人希望恢复该项权力，需自费请两名注册会计师对他过去三年所审批的费用报销单进行审计，如审计发现还有不当报销，领导依旧需要承担连带赔偿责任。

任正非先生曾说："审计是司法部队，关注'点'的问题；财务监控关注'线'的问题，与业务一同端到端地管理；道德遵从委员会关注'面'的问题，持续建立良好的道德遵从环境，是建立一个'场'的监管。"这番话中的"点、线、面、场"该如何理解呢？

审计监督关注个案，自然是"点"的监督，让人不敢乱为；财务监督依靠制度流程，是"线"的监督，让人不能乱为；道德依赖自律，需要员工时时刻刻自觉，是"面"的监督，目的是让人不想乱为；自律是成本最低的管理模式，但自律也是不能尽信的管理模式，倘若企业形成了良好的管理文化，文化的监督自会无处不在，这就是"场"的监督。"点、线、面、场"监督论，同样也适用于规范员工的费用报销。

# 第二章

## 发票的合规性问题

　　税务以票控税，财务凭票报销，这里所说的"票"都是指发票。审核发票是费用报销工作的重头戏，把住了发票关，在很大程度上也就把住了费用报销关。可以这样说，发票问题不仅关乎费用报销的合规性，更关乎企业的账务合规性、税务合规性。发票问题既涉及能否取得发票的问题，也涉及发票真伪的问题，还涉及发票开具时信息是否准确的问题。现在电子发票的使用范围日渐扩大，对电子发票管理与审核的重要性日益凸显，会计人员应及时总结相关经验，并将之增补进发票管理规范中。

## 6. 发票管理日趋严格

如果你是一名费用会计，我相信你对发票审核不会陌生。甚至可以说，发票审核是费用会计职责范围内的一项重要工作。

财务做费用报销时，为什么把发票审核看得这么重要呢？源头在于税务有要求。税务以票控税，只有发票是真实的、合规的，税务才允许费用在企业所得税税前扣除。既然税务有这样的规定，到了企业，再到企业财务部，就衍生出了另一项规定：凭票报销。

其实我们都知道，有时候费用发生了，不一定就能取得发票。即便如此，绝大多数企业的财务部仍旧做出了这样严苛的规定：一定要凭发票报销费用。

财务部做出这样的规定，一方面，自然是为了实现税务合规；另一方面，也是为了满足企业内控合规的需要。例如，费用发生了，但没有取得发票，如何证明这笔费用一定真实发生了呢？又如何证明报销人说的费用金额与实际发生金额一致呢？

发票无小事，财务合规、账务合规、税务合规都离不开它。企业作为购买方索取增值税发票时，应向销售方提供准确的纳税人识别号或统一社会信用代码。否则，缺失这些关键信息的发票将不得作为税收凭证用于办理涉税业务。

税务机关对纳税人的监管，很重要的一个手段就是规范发票管理。接下来就给大家说一说，我20年会计生涯中见过的各种发票规定。

### （1）发票抬头：全称＋税号

现在不用抬头即可报销的发票越来越少了，最常见的是出租车票。

我刚参加工作时，开发票对抬头没有现在这么讲究，写公司简称就可以了。例如，"北京AAA药业股份有限公司"可简写为"AAA药业"。公司简称虽说具有一定的识别度，但问题也很明显，发票可以在集团内串着用。

以前还有部分发票即便不开具抬头，税务机关也是认可的。印象最深的是汽车加油的发票。还有一些地方，在发票上印有说明，发票抬头可以由消费方手工填写。这样的约定无异于发票可以不用填写抬头。不得不说，税务机关总能及时发现弊端。不久，国家税务总局就出台了新的规定，要求发票抬头必须填写公司全称。

总公司的费用发票与分公司的费用发票能串用吗？例如，公司总部设在北京，分公司设在上海，分公司独立核算。分公司取得的发票能否在总公司报销，或者总公司取得的发票能否在分公司报销呢？答案是不能。原因是总公司与分公司都是独立核算的纳税单位。所以，分公司取得发票时要记牢，抬头一定要写分公司的全称。

　　多提醒一句，发票抬头不能出错。抬头写错了，用签字笔改正并在改正处加盖发票章确认，之前这是较常见的做法。严格来说，此做法是不正确的。发票不能涂改，如果开错了，需要重新开具。

　　开具发票时，公司抬头能用繁体字或英文吗？根据《中华人民共和国发票管理办法实施细则》（国家税务总局令第25号）第29条规定："开具发票应当使用中文。民族自治地方可以同时使用当地通用的一种民族文字。"因此，不能使用英文。另外，纳税人使用中文开具发票，中文使用应符合《中华人民共和国国家通用语言文字法》的规定，因此繁体字也不能使用。

## （2）发票开具：手写到机打

　　开具发票的方式有四种：手写发票、纸质机打发票、定额发票、电子发票。

　　纸质机打发票需要电子技术配合，从手写发票到纸质机打发票，经过了漫长的递进过程。纸质机打发票开票信息要上传税控系统，最大的好处是有利于税务管理与监控。电子发票则更进一步，它已不再具备纸质形式。手写发票正在一点点退出历史舞台，目前在一二线城市基本上已取消手写发票了。

定额发票使用方便，不足是没有抬头，可以串用。以前在一些快餐店用餐都能索取到定额发票，现在快餐店几乎已没有定额发票了，个人用餐后需自行扫码开具电子发票。可以确定，今后定额发票的适用范围会继续缩小。在一二线城市，较常见的定额发票大概就剩下景点门票、公交车票、停车费发票、高速费发票等几种。

### （3）发票盖章：唯一

对于发票的合规性审核，其中很重要的一项就是看发票的盖章。开具发票须加盖发票专用章。发票盖章有严格的要求：发票票面必须盖有完整、清晰的发票专用章。

遵照现行规定，出现下面这些盖章问题的，发票要作废。

①以盖财务专用章代替盖发票专用章。

②同时盖财务专用章和发票专用章。

③发票抬头填写错误，修改抬头后，在修改处盖发票专用章。

④盖的发票专用章看不清晰。发票盖章要求清晰可辨认，要完整地盖在发票上面，不能只盖一半或有残缺。

⑤发现发票专用章盖得不清晰，重新盖一次。

⑥盖旧版的发票专用章，或同时盖新版、旧版发票专用章。

对于上述④和⑤，有些人会觉得过于严苛、不近人情，毕竟有时候手抖盖不清晰也是可以理解的，这不过是小小的瑕疵。发票取得、开具都是有成本的，硬性要求开票方重开，略显不近情理。但这些规定都是为了预防风险。

例如，对于增值税专用发票，盖章不清晰时一定要让对方重新开具，避免在发票抵扣环节出问题。基于重要性的原则和成本效益原则，不可不慎。

发票盖章虽是小问题，却不可不讲究。一方面，它体现了财务工作的规范性；另一方面，它也体现了会计人员的涉税风险意识。

### （4）发票名目：写实

现在发票名目开具由写意变为写实。税务机关不断推出新规定，强化这一趋向。例如，商超和运营商营业厅开发票都有了变化。

以往我们在商超购物后要开发票，商家通常归类开具"食品""办公用品""礼品""日用品"等大类项目。现在这种只写大类的开票方式不行了，必须要按照商品唯一代码开出购物明细。例如，在商超买了几支铅笔，发票上必须把商品名称、型号都打印出来。

此外，购物卡等储值类预付费卡，必须明确开具为"预付费卡"项目。例如，从运营商营业厅购买充值卡，不能再开具"通信服务费"了，改为开具"一卡充"。

《国家税务总局关于增值税发票管理若干事项的公告》（国家税务总局公告 2017 年第 45 号）规定，"自 2018 年 1 月 1 日起，纳税人通过增值税发票管理新系统开具增值税发票（包括：增值税专用发票、增值税普通发票、增值税电子普通发票）时，商品和服务税收分类编码对应的简称会自动显示并打印在发票票面'货物或应税劳务、服务名称'或'项目'栏次中。"例如，商家销售的是金项链，在开具增值税发票时输入的商品名称为"黄金项链"，选择的商品和服务项目名称为"金银珠宝首饰"。该项目名称对应的简称为"珠宝首饰"，则增值税发票票面上会显示并打印"＊珠宝首饰＊黄金项链"。

### （5）发票要在收款后开具

如果买方先拿到了发票，却赖账，说已付过款了，而卖方没有证据证明未收到款，可能就要吃哑巴亏了。先开票，后收款，也并非不可以，但要做一定的预防。例如，在合同中明确开票与付款无关，并约定付款方式；在交付发票时让买方备注尚未付款；让买方出具收到发票的回执，注明尚未付款。

### （6）不要发票费用低是个坑

不要发票，价钱可以便宜一点。面对这种诱惑，该怎么取舍？费用报销时，会计人员自然要坚持凭发票入账的原则，没有发票税务风险大，这是基本常识。

## 7. 超经营范围做生意怎么开发票

### （1）经营范围不是拓展业务的红线

企业办理营业执照都有"经营范围"的约定。经营范围的本意是规定企业能做什么业务，反过来也可以这样理解，不在经营范围内的业务，企业如果想做，是受限的。

我曾听某代办企业注册的中介人员说过一句玩笑话："为了减少麻烦，最好把经营范围写全一点，只要工商不反对，从卖小鸡到卖 5G 都要写进去。"

企业在实际经营中，会有一些意想不到的经济业务发生，如办公厂房出租、二手车转让、二手设备转卖、人员派遣等。经营范围有必要限定吗？这个问题应辩证地看。对生产制造型企业而言，因为涉及环保、安全，限定是有必要的；对于食品、药品、化学品、危险品的经营，以及某些敏感业务，如金融、理财、投资等，限定也是有必要的。至于一般性的业务，相关部门未过多干预企业经营。

严格限定企业的经营范围，对会计工作的影响主要表现在开票问题上。实务中经常出现这样的场景，企业打算开展某项新业务，财务负责人总要提醒一句：没有这项经营范围，可能开不出发票。如果发票成了限制业务拓展的瓶颈，这难道不令人恼火吗？

## （2）业务超经营范围能否开发票

业务超经营范围了，能开发票吗？如果开不了，要怎么解决呢？

我们先要明确一点，当企业发生经营业务开具发票时，不论该业务是否"超经营范围"，都应按实际业务情况开具发票。从各地方税务局的解释看，除国家明令禁止或需特殊审批的业务外，纳税人发生的营业执照经营范围以外的业务，只要是真实的应税业务，均可自行开具增值税发票。

但超经营范围开发票毕竟是例外事项，可能会出现两个问题：

①无法在开票系统开具相应税率的发票；

②开出发票后申报出现异常。

出现这两个问题，企业会计人员可以向主管税务机关说明情况，并前往办税大厅提交资料，做相应变更。

如果超经营范围的业务预计今后会持续发生，建议企业先增加经营范围，办理工商变更手续，再由主管税务机关增加相应的征收品目及征收率。

如果超经营范围的业务只是临时性发生几笔，那么增加经营范围，办理工商变更似乎意义不大。这时，企业增加开票品目后即可自行开具发票。如果客户索取增值税专用发票，而企业不能开具，企业可以找当地税务机关申请代开。

最后说一个大家普遍关心的问题，超经营范围开具发票，会被税务机关认定为虚开吗？对这一点大家尽可放心，只要开票业务是真实的，超经营范围开票就不会被认定为虚开。

## 8. 费用报销时发票审核的要领

### (1) 如何理解"以票控税"

以票控税包括两层含义：开票征税与凭票抵税，如图 2-1 所示。

对开票方而言，大多数时只要发票一开出，纳税义务就形成了；对购买方而言，发票是抵减税负的重要凭据。

凭票抵税，既涉及增值税的抵扣，也涉及企业所得税的抵减。企业只有获得合法合规的发票，税务才会允许企业做增值税进项税抵扣，以及在企业所得税税前扣除相关费用。

图 2-1　以票控税的两层含义

### （2）审核发票时应重点关注的内容

费用会计在审核发票时，应重点关注六个方面的内容，如图 2-2 所示。

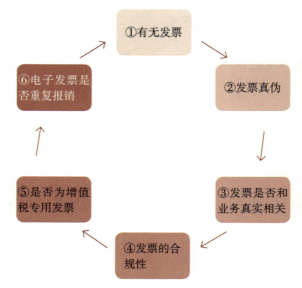

图 2-2　审核发票应重点关注的内容

① **有无发票**。报销人拿着报销单到财务部来，费用会计先要看有没有相应的发票佐证费用实际发生了。如果某些费用没有发票佐证，那么应走特殊报销流程。

② **发票真伪**。有的报销人可能会拿假发票来报销，这又分为两种情况：一种情况是报销人被骗了，对方给了一张假发票；另一种情况是报销人有意拿假发票报销，妄想"多吃多占"。无论哪种情况，费用会计都需要将假发票识别出来。

③ **发票是否和业务真实相关**。有的发票形式上看似是真的，但它却是一张假的"真"发票，它不是基于企业经营管理需要发生的。这样的发票可能是因个人消费行为产生的，它不能被视作企业费用发票。

④ **发票的合规性**。发票除了是为企业经营管理真实发生的，还必须符合税务合规的要求，如发票不得涂改、盖章须清晰，金额、数量、单价记录要完整，抬头、税号开具无差错等。

⑤ **是否为增值税专用发票**。增值税专用发票认证后，进项税可用以抵扣，这对企业自然是有利的。所以，一般纳税人企业都会要求，发生采购或消费行为时，员工应尽可能索取增值税专用发票。如果对方不能开具增值税专用发票，经办人员应事先说明，得到领导许可后再与之发生交易。否则，财务部有权不予报销，或扣减进项税对应金额后再支付报销款。

⑥ **电子发票是否重复报销**。电子发票将会是未来的主流发票形式，甚至可能是唯一的发票形式。电子发票是否重复报销，费

用会计需特别关注。电子发票如何防止重复报销？过渡时期，有两个解决思路：一是缩短电子发票报销时限，建立电子发票号台账；二是使用电子发票小程序做登记。财政部要求企业将电子发票留档备查，企业做到了这一点，就可以在一定程度上避免电子发票重复报销。目前，微信上有免费的小程序可以辅助进行电子发票的登记和查重。可预见，未来财务软件与金税工程都会留出端口实现智能化处理。

## 9. 企业为何会有那么多费用没有发票

企业的员工费用报销制度基本都有一个规定：凭票报销。为什么要凭票报销？原因有两点：第一，税务以票控税，没有发票的费用不允许在企业所得税税前扣除；第二，费用是否真实发生，发票是佐证。这两个原因都是有利于企业的，既满足抵税合规性的要求，又满足了企业风控的要求。

费用发生了，理应有发票，为什么还有企业为无票费用发愁呢？对于无票费用，我们要分不同情况进行分析，这样才能找出症结，进而提出解决办法。账面上没有发票的费用大致可以归结为以下五种类型。

### （1）假费用

有些支出本来就不是费用，却以费用的名义出现了，如经营者从企业提钱，不打算还了，也不打算交个人所得税，就会把这笔钱伪装成费用入账。费用名目可以伪装出来，发票却无从取得，自然就成了"无票费用"。

### （2）销售佣金（返点）

说起销售佣金（返点），很多会计人员都会觉得这是个棘手的问题。一方面，销售佣金（返点）是商业活动中的常见行为；另一方面，销售佣金（返点）可能会与好处费、回扣、商业贿赂挂上钩。既然承认销售佣金（返点）客观存在，会计人员就不能置身事外。佣金（返点）费用本可以作为劳务费入账，实际则行不通，这就会造成无票费用。

### （3）薪酬与劳务费

有的企业为了少交个人所得税，在给员工或劳务人员支付报酬时，会将其中一部分确认为费用。人工成本被记作了费用，个人所得税"省"下了，问题也来了，这样的费用从哪取得发票呢？

## （4）不规范的消费行为

企业选择不当供应商，可能导致消费后不能取得发票。很多时候，企业没能取得发票，并非对方不开具，而是企业选择了不要。有些供应商为了逃税，会提出"不要发票可以降价"。此时，不少企业会选择低价格，而不要发票。这是自己做出的选择，怎么能抱怨不能取得发票呢？这样的选择今后要谨慎了，不要发票损失会很大，增值税与企业所得税都可能因之增加。

## （5）特殊场景的难题

企业自办食堂从早市买蔬菜、米、蛋、肉，从农民手里买自榨的花生油等，能拿到发票吗？出差到偏远地区，乘坐农用车、住农家院、吃农家饭，能拿到发票吗？估计不行。

通过对上述五种类型的无票费用进行分析，我们不难看出，绝大多数的无票费用都有不规范的源头。解决无票问题，必须从规范源头入手，以下几点建议可供参考：

第一，公私分明，杜绝"家财务"，杜绝股东占用企业资金；

第二，必须在"阳光下"开展业务；

第三，规范工资、奖金、福利、劳务费的发放流程；

第四，选择正规供应商，拒绝蝇头小利；

第五，特殊情形采用变通办法，如提高员工补助，让员工自行解决无票难题。

# 10. 费用发生了，没有发票该如何报销

### （1）"情理法"的冲突

凭票报销如果影响到了业务的正常开展，该如何应对？用正常逻辑思考这个问题，条件所限不能取得发票是"情"，费用因公发生是"理"，没有发票不能税前扣除是"法"。面对这样的难题，会计人员有两点是一定要把握的：

首先，会计人员应该遵从的是"法"，要遵照税务的要求；

其次，会计人员要站在企业的角度，维护企业的利益。

### （2）切勿替票报销

实务中存在替票报销的现象，即用 A 发票报销 B 费用。这种方式是不合规、不合法的。会计人员不能提议如此操作，也不应纵容这种操作。费用报销应做到"四统一"，即会计分录、会计摘要、审批单、发票一致。这样做一方面可让会计做账更规范，另一方面可规避税务风险。会计人员要坚持一点：只认票据，不

听其他所谓的"解释"。

对于规范费用报销，光有财务推动是不够的，因为财务没有足够的权威，必须要得到企业"一把手"的支持。

很多业务人员有个错误观点：费用发生了没有发票，会计人员应该想办法解决。会计人员是没有办法可想的，谁请款就应该由谁提供发票报销，这是基本道理。会计人员应对费用报销履行监督职能，千万不可越俎代庖找发票平账。

### （3）没有发票的费用如何处理

长期挂账的其他应收款怎么平账，建议如下。

第一，由责任人提供发票进行报销，如果提供不了发票，企业认可这笔费用的，可以对费用暂估入账，但要提供相应说明作为证据。暂估入账的费用在纳税申报时要做调整，不能在企业所得税税前扣除。

第二，如果无法证明费用真实发生了，其他应收款又确定收不回来，可以计提坏账准备。当然，坏账准备同样不能在企业所得税税前扣除。

第三，如果其他应收款是企业经营者或者股东（个人投资者）借走的，在年底或者确认无法归还后，可将借款当作预支的股利，代扣与申报相对应的个人所得税。

"没有发票能不能报销"与"费用能不能在企业所得税税前

扣除"，这是两个不同层面的问题。费用发生了且能提供佐证的，无论有无发票，会计人员都应将之作为费用处理。税务要求更严格，不仅要求费用必须真实发生，还需要提供发票作为佐证。

做个总结吧！如果费用真实发生了，即便没有发票，会计做账也可以作为费用处理，但不得在企业所得税税前扣除。

## 11. 电子发票的深远影响

电子发票的出现具有划时代的意义。与传统发票相比，电子发票具有明显的优越性：首先，它节省了商家的成本，一方面是发票购置、开具的成本，另一方面是发票的寄送成本，这点对电商类企业非常重要；其次，假发票可能会绝迹，长期困扰会计做账的难题将得到根治；最后，开具发票的门槛降低了，开发票不再是难题，以票控税会得到更好的贯彻。

这些优越性是显而易见的，我们很容易能感受到。除此之外，电子发票的普及将让财务大数据网络化、信息化，这将深远地影响会计核算、审计、税务等诸多领域。会计无纸化办公，会计核算人工智能化、审计人工智能化、税务稽查人工智能化，电子发票都是重要的助力。

### （1）扫清会计无纸化办公的障碍

无纸化办公符合绿色环保理念，也符合企业降成本费用的要求，一直被企业推崇。要做到会计无纸化办公，就需要尽可能减少会计纸质文档的传递。会计工作所需的纸质文档主要有四类：

第一，发票收据类原始单据；

第二，内部的审批凭据；

第三，财务制作的会计凭证；

第四，打印存档的账表。

移动互联网时代，越来越多的企业将审批移植到电子设备上，已经不再需要纸质审批单的流转了。此外，会计凭证与账表是内部文档，做到无纸化并不难，关键取决于企业内控与信息系统被认可的程度，被认可程度高，完全可以实现纸质文档信息化。

近几年随着财务共享服务中心的兴起，很多人担心原始票据的传递与保存问题。现在的做法是通过快递公司寄送原始单据，将之汇集到财务共享服务中心。显然这种做法存在单据丢失的风险，成本较高，查询不便。越往后，票据传递与保存越不会是障碍。随着电子发票的普及，将不再需要物理层面的票据，做账会更及时，也无须害怕遗失发票。会计做账与审计查询，通过阅读电子数据即可实现。随着技术的发展，未来的财务共享服务中心会更快捷、更高效，人工智能会取代一切简单重复的操作。

会计无纸化办公最大的障碍是发票。一旦电子发票全面普及，这一障碍将自行消除。目前，增值税电子专用发票试点正在推行中，相信在不久的将来，电子发票全面取代纸质发票会成为现实。

### （2）加速会计核算人工智能化进程

20多年前，会计做账还是以手工账为主，结账不平时能快速找出差额的会计人员是财务部的骨干。会计电算化普及后，这一会计人员赖以自豪的技能没了用武之地。每谈及此，很多人都会唏嘘感慨。大变革时代，会计工作变轻松了，会计人的工作方式也将发生变化。

阿尔法狗（AlphaGo）在围棋对弈中的完美表现惊艳了世人。我们有理由相信，为追求效率与降低成本，企业家与信息专家必然会加速让人工智能走进工作圈。未来有无可能实现会计做账全智能化呢？技术上已完全可行。越是流程清晰，会计核算越容易实现自动化。未来的会计核算将很少需要人的判断和操作。通过标准化的流程，人工智能就能进行账务处理了。需要会计人做的就是在一开始把规则制定好。把定好的规则输入计算机中，后续系统将按照设定好的规则把所有的账务处理好。

现在移动办公平台与财务软件对接已不存在障碍，只待二次开发后，移动办公平台的审批就能自动生成会计凭证了，到时费

用报销、采购、销售、生产成本结转的会计分录均可由系统自动
生成。例如，报销费用只需在系统中输入报销信息，会计分录即
可自动生成；再如，生产制造，从采购开始，领料、分摊、结
转、入库，也能根据前端记录自动生成凭证。电子发票无疑可以
让信息对接更便利，更容易实现自动生成会计凭证。

一旦集团型企业实行财务集成系统变革，会计记账就会成为
历史。从这个角度看，传统核算会计在大企业终将式微，电子发
票正在加速这一进程。未来人工智能一定会替代会计人完成程式
化、流程化的操作。技术的进步既让人兴奋，又让人心酸，因为
这种进步意味着会计核算人员的工作终将被机器取代。

### （3）颠覆抽样审计的局限

内审队伍是司法部队，关注"点"的问题。这个"点"该如
何理解呢？基于统计规律，审计是以抽样结果推断整体情况。基
于成本效率的考虑，目前内部审计还不能做到全查，否则内审就
变成第二财务部了。

抽样审计不同于全面审计。全面审计是指百分之百地审计被
审计对象的经济业务事项，并根据审计结果形成审计意见。而抽
样审计是选取部分样本进行审计，依据样本结论推断总体结论，
并据此发表审计意见。

因为样本做不到完全杜绝人为因素，所以抽样审计存在天然

的缺陷。甚至可以说，审计抽样是基于成本效益原则不得已而为之。要突破审计抽样，就必须解决审计成本居高不下的问题。人工智能有助于解决这一难题。

审计抽样的主体工作集中在会计凭证上，准确来说是集中在发票审核上。电子发票替代纸面发票，对发票的审核方式自然要相应改变。随着人工智能逐步进入会计核算领域，人工智能亦可进入审计领域，会计核算可以做到无纸化，审计抽样也可以实现电子阅读。

2016 年，某知名会计师事务所宣布，将与人工智能企业合作，将人工智能引入会计、税务、审计等工作中，代替人类阅读合同和文件。当审阅发票这类简单重复的基础工作被人工智能取代后，全面审计完全有可能替代抽样审计。这将颠覆现有的审计理念，审计的结论会更客观。

相信随着人工智能日臻完善，它在审计领域将发挥越来越重要的作用。

### （4）突破税务稽查随机选案机制

与审计一样，电子发票普及后，税务稽查亦可实现全查替代抽查。

税务稽查因为有强大的国家意志做保证，电子发票无疑会对其有更深远的影响。以金税工程为例，金税工程由一个网络、四个子系统构成基本框架。一个网络，就是从国家税务总局到省、地市、县国家税务局四级统一的计算机主干网；四个子系统，就是覆盖全国增值税一般纳税人的增值税防伪税控开票子系统，以及覆盖全国税务系统的防伪税控认证子系统、增值税交叉稽核子系统和发票协查信息管理子系统。四个子系统紧密相连，相互制约，构成了完整的增值税管理监控系统的基本框架。

电子发票的普及，意味着税务机关对企业的纳税监控可以实现电子化、网络化、及时化、预警化，形成纳税链条的勾稽化。一方面，这会降低税务稽查工作的成本；另一方面，也会让税务稽查发现问题的准确性得到提升。

# 第三章
## 常见费用明细科目的报销

费用报销是个大概念，在费用报销实务中，"费用"是需要进一步细化的。会计人员在具体做账时，需要把每一笔费用对应到一个个明细费用科目中。这个操作过程，不仅涉及明细费用科目设置的问题，还涉及各个明细费用科目规范报销的问题。因各种原因，一些明细费用科目存在特殊的报销规定。如果会计人员对这些特殊规定不甚了解，就极可能在费用报销工作中出错，甚至给企业的账务合规与税务合规埋下隐患。

## 12. 费用的明细科目该如何设置

费用报销是会计核算中发生频次最高的事项。很多费用会计工作一段时间后会发现工作中存在几个乱象：二级科目越加越多、科目重叠交叉、其他费用庞杂随意。为什么会存在这样的乱象呢，很大程度上是因为账务初始化阶段会计人员对费用科目的明细科目设置缺乏前瞻性与系统性思维。

在线收看

先明确，本书所指的费用科目包括销售费用、管理费用、研发费用、制造费用等，这几类费用都可设置若干明细科目，即二级科目。二级科目的设置应力争做到不重、不漏、不乱、有序。欲达成此目标，应遵循以下几个原则。

### （1）依据费用性质分大类排序

以管理费用为例，费用可梳理为以下六类。

**薪酬类费用**：主要核算管理部门人员的工资、奖金、五险一金、福利费等。

**日常类费用**：主要核算管理部门经常发生的费用，如办公费、交通费、图书资料费、差旅费、业务招待费、通信费等。

**专项费用**：包括培训费、审计费、中介服务费等。

**办公场所类费用**：包括办公场所租赁费、物业费、水电气暖费等。

**摊折费用**：包括固定资产折旧、无形资产摊销、长期待摊费用分摊等。

**其他费用**：上述分类不涵盖的费用。

销售费用的分类与管理费用分类大致相同，区别在于销售费用中的专项费用主要为广告费、宣传费、市场推广费等。

对费用区分大类，一方面可以方便管理，有利于事后分析；另一方面可以让费用归集有序，避免重复设置二级科目。

## （2）二级科目编号要留出扩容空间

二级科目的设置先要保证当前费用都有记录之处，随着新的费用名目出现，费用科目自然也应相应增加。

企业增加的费用科目需要录入账务系统，新增科目编码以不打乱原有的科目体系为宜。例如，管理费用科目编号为6602（见图3-1），薪酬类费用的科目编号可以从6602 01 01 ～ 6602 01 99。

6602 代表"管理费用"，01 代表"薪酬类费用"，最后的 01 ～ 99 代表三级费用科目。6602 01 01 ～ 6602 01 99 一共可容纳 99 个三级科目，足可保证费用科目扩容。"管理费用——其他费用"科目编码一般会设置为 6602 99。

图 3-1 管理费用科目编号示例

### （3）费用科目不可交叉

每个费用科目设置后，应确定它的核算范围，涵盖在核算范围内的费用名目不要重复设置明细科目。例如，业务招待费与礼品费，交通费与过桥过路费。如果需要将费用核算得更加明细化，可以平行设置不重叠的多个科目，例如，将"五险一金"科目分解为"养老保险""医疗保险""工伤保险""生育保险""失业保险""住房公积金"六个三级科目。

### （4）"其他费用"要瘦身

如果费用二级科目设置得太少，费用归集时常会找不到合适的科目。一些会计人员为了省事，会将找不到科目的费用记入

"其他费用"，最后"其他费用"就成了费用垃圾筐。一时固然省事了，但后续的费用分析会困难重重。对"其他费用"瘦身，最好的办法是将经常发生的费用名目增设为新的二级或三级科目。

### （5）科目层级不要设置太多

费用核算要做到清晰，就需要减负。费用科目清爽，也是减负精神的体现。建议费用核算到三级科目为止，就不要设置四级科目了。科目层级越少，出错的概率就越低。如果需要将三级科目核算的内容明细化，可以将明细项直接增设为三级科目。

### （6）相同的费用明细科目，建议使用同样的二级编号

销售费用、管理费用、研发费用、制造费用这四个一级科目下有共同的二级科目，如薪酬类费用科目、日常类费用科目。针对一级科目下这些同质的二级科目，不妨使用相同的编号。例如，薪酬类费用的二级科目编号可以从 ×××× 01 01 ～ ×××× 01 99。

## 13. 业务招待费，你都弄明白了吗

业务招待费司空见惯，会计人员却未必全然知晓。说到业务

招待费，很多人会把它理解为吃吃喝喝的费用。这种理解等于把业务招待费与餐饮费画上了等号。其实，这种理解是不对的，一方面，业务招待费的核算范围大于餐饮费；另一方面，餐饮费并非都要在业务招待费里核算。

### （1）业务招待费的账务处理

估计很多会计人员都没有把业务招待费的账做对。业务招待费正确的做账方法是记入"管理费用"科目，业务招待费一般不在"销售费用""研发费用""生产成本""制造费用""在建工程""项目成本"等科目归集，已归集的要调整至"管理费用"科目。

### （2）业务招待费的核算范围大于餐饮费的核算范围

业务招待费的核算内容主要包括以下四个方面：

第一，宴请、娱乐或工作餐的开支；

第二，赠送客人纪念品、礼品的开支；

第三，组织员工和外部单位人员到旅游景点参观的门票费、交通费，以及各类杂费开支；

第四，外部单位人员到企业出差、调研、做项目，发生的餐费、住宿费、交通费等。

有一点要注意，只有本企业的员工出差发生的费用才能在差旅费里核算，外单位人员来企业出差，相关费用不能作为差旅费处理。例如，企业聘请会计师事务所做审计，事务所的注册会计师来企业工作发生的差旅费就应在业务招待费中核算。

### （3）并非所有的餐饮费都要记作业务招待费

哪些餐饮费可以不在业务招待费里核算呢？举例如下：

① 员工出差期间，吃饭发生的餐费可以记作差旅费；

② 企业组织会议，如年度经营会、股东会、董事会，与会期间的餐费可记到会议费里；

③ 员工外出参加培训，参加培训期间发生的餐费，可以记作职工教育经费；

④ 企业统一为员工提供工作餐的，工作餐的费用可记作职工福利费；

……

不限于以上费用，还有哪些餐费可以不记作业务招待费，大家可以继续总结。因为业务招待费不能全额在企业所得税税前扣除，所以总结得越多越能给企业省下企业所得税。

需要说明的是，会计做账时不能将业务招待费隐藏在其他科目中，如将业务招待费记入差旅费、会议费、培训费。税务机关对此有较严格的规定，差旅费、会议费、培训费中有餐费支出的，应能提供相应的证明依据。

餐饮费报销有个细节需要注意，员工出差期间本人发生的餐饮费计入差旅费，但商务宴请则须计入业务招待费。

### （4）企业所得税税前的扣除标准

业务招待费在企业所得税税前扣除要狠打折扣，企业发生的与生产经营活动有关的业务招待费支出按发生额的 60% 扣除，最高不得超过当年销售（营业）收入的 5‰。

业务招待费在企业所得税税前的扣除标准要看两个数据的比较。

① 业务招待费总额的 60%。如企业全年发生的业务招待费为 100 万元，能在企业所得税税前扣除的金额最多是 60 万元。

② 企业销售（营业）收入的 5‰。如企业全年的销售（营业）收入为 1 亿元，能在企业所得税税前扣除的业务招待费最多为 50 万元。

上述两个数据孰低，业务招待费就以之为标准进行扣除。

### （5）如何控制业务招待费

控制业务招待费，一是为了避免浪费，二是为了避免以权谋私。业务招待费带有享受的性质，想控制它并不容易，以下两个控制办法可供参考。

第一，事前审批制。业务招待贯彻先请示后招待的原则，费用得到领导批准后方可发生。

第二，定额制。制定标准、限额，根据客人身份确定接待标准，约束高规格接待。例如，宴请客户时要说清楚宴请谁、谁陪同。陪同的人不能太多，不能请一人吃饭，十人蹭饭。

有的企业甚至要求发生业务招待时拍照为证，报销时把照片提交给财务部，报销单上要列明参加宴请的每个人的姓名。这样的做法虽稍显极端，但目的很明确，业务招待费要力争做到能不发生就不发生。如果能把事先审批制与定额制结合起来使用，效果会更好，能很大程度遏制餐桌上的浪费与腐败。

## 14. 差旅费报销的常见问题

### （1）差旅费的报销范围

很多人都能感觉到差旅费的报销有些与众不同，差旅费报销单的样式会单独设计，上面填写的信息很写实，需要详细填写行程与费用明细。

差旅费可报销的内容一般包括以下几项：

① 长途交通费（机票、火车票、长途汽车票、轮船票等）；

② 市内交通费（出租车票、公交车票、地铁票、过桥过路费、停车费）；

③ 住宿费；

④ 餐费（出差人员正常餐饮）；

⑤ 杂费（行李托运费、订票费）；

⑥ 出差补贴（无票据，以现金发放）。

有个很有趣的现象，很多企业的差旅费报销制度都会提及员工出差可乘的交通工具，并根据员工的级别规定可选乘的交通工具及座位档次。交通工具一般分飞机、火车（高铁、动车、普快等）、轮船、汽车四种，大部分企业的差旅费报销制度都会将这些交通工具罗列一遍。我做了近20年会计，仅在一家企业见到过轮船票。既然轮船票出现的概率极低，为什么还有这么多企业把它写进报销制度呢？我一直怀疑这些企业的差旅费报销制度都是从一个源头借鉴过来的。

除了交通工具的选乘有标准，差旅费报销制度还会约定员工住宿的标准。基本思想是，员工级别越高，住宿标准越高。

### （2）出差补贴的报销

出差补贴如何报销，以前这是没有争议的话题。出差一天补助现金若干，直接计入差旅费中报销即可。而现在，在部分省市继续此种操作恐怕不妥了。出差补贴是否需要并入员工工资计征个人所得税，各地税务政策差异很大，具体有三种做法：

① 当地有差旅费补助标准的，标准内的出差补贴不缴纳个人所得税，超过标准的部分需并入工资缴纳个人所得税；

② 当地没有差旅费补助标准的，实务中部分地区税务要求将

出差补贴全额并入工资缴纳个人所得税；

③ 实务中也有部分地区税务认可企业可自行制定差旅费标准，合理范围内的出差补贴不征收个人所得税。

### （3）容易混淆在差旅费中的其他费用

差旅费有个显著特征，大都会有异地往返的交通费（机票、火车票等）。需要注意的是，并非所有异地出行的交通费都能作为差旅费报销。这涉及以下六种情形，不同情形的交通费需要记入不同科目：

① 员工因工作原因发生的交通费，在"差旅费"科目报销；

② 因业务往来，客户人员在单位报销的交通费作为业务招待费报销；

③ 员工探亲、团建等发生的交通费，在"职工福利费"科目报销；

④ 员工在外地学习培训发生的交通费，作为职工教育经费报销；

⑤ 员工赴外地参加会议发生的交通费，作为会议费报销；

⑥ 企业筹建期间员工发生的交通费，作为开办费报销。

有些企业福利较好，每年会给员工报销一定金额的旅游费。企业组织员工旅游发生的费用不能列支为差旅费，否则会有逃税之嫌。这部分费用也不能作为员工福利费列支，严格来说，员工旅游费不是福利费的列支范围。正确的做法是，员工的旅游费应并入员工工资一并计征个人所得税。

此外，外部人员来企业考察、调研发生的差旅费，员工出差时发生的商务宴请费用等，也不能作为差旅费列支。

### （4）交通费进项扣除的规定

自 2019 年 4 月 1 日起，纳税人购进国内旅客运输服务，其进项税额允许从销项税额中抵扣。具体涉及以下四种情形。

第一，取得增值税电子普通发票的，进项税额为发票上注明的税额。

第二，取得注明旅客身份信息的**航空运输电子客票行程单**的，按照下列公式计算进项税额：

**航空旅客运输进项税额 ＝（票价 ＋ 燃油附加费）÷（1+9%）× 9%**

第三，取得注明旅客身份信息的**铁路车票**的，按照下列公式计算进项税额：

**铁路旅客运输进项税额 ＝ 票面金额 ÷（1+9%）× 9%**

第四，取得注明旅客身份信息的**公路、水路等其他客票**的，按照下列公式计算进项税额：

**公路、水路等其他旅客运输进项税额 ＝ 票面金额 ÷（1+3%）× 3%**

按照这一规定，火车票、飞机票以及实名的汽车票、轮船票的费用报销，进项税额可计算扣除。打车票费用报销的进项税额扣除要复杂一些，打网约车取得的有税额显示的电子发票，可以扣除；打普通出租车取得的机打发票因无税额显示，不能扣除。

## 15. 会议费报销的要领

会议费报销涉及两方面的风险。

**第一，涉及税务层面的风险。**企业认可的会议费，税务不一定认可，这样的"会议费"需要做纳税调整。

**第二，涉及腐败方面的风险。**会议费容易和旅游费、招待费混到一起，甚至某些人会打着参会的名义搞跨国游，这样的"会议费"就属于个人享受性质的费用。从实际情况看，会议费报销极易成为私费公报的重灾区。

### （1）会议费中的"猫腻"

即便是真开会了，会议费就没有"猫腻"吗？未必。举例如下。

- 有的企业会议不安排在本企业的会议室召开，却要安排在度假山庄召开；不安排在企业所在地召开，却要安排在风景名胜地召开。这样的会议亦真亦假，发生的会议费也亦真亦假。

更有甚者，明明只开一天的会，会议日程却安排三天，后两天都是旅游。严格来讲，后两天发生的旅游费不能以会议费名义报销。

- 有的企业以召开会议的名义招待各种关系人。为什么这样做呢？因为招待费不能全额在企业所得税税前扣除，改换"会议费"名目后就不一样了，会议费能全额在企业所得税税前扣除。

- 有的企业把员工福利费搞成了会议费。例如，企业组织员工进行团建，如果以旅游费名义报销相关费用，涉及扣缴个人所得税的问题。因为旅游费属于非货币性福利。怎么办？有人想出了办法，以召开会议的名义搞团建。这样一变，旅游开销就变成会议费了。

明确说明，以上做法都存在税务风险，一旦被税务查实，伪装的会议费需要做纳税调整处理。

### （2）会议费包括的费用项目

一般来说，我们很难取得会议费名目的发票。实际发生的会议费往往涉及一系列发票，换言之，会议费是一系列费用的集合。会议费大体包括六类费用项目。

第一类：会议场地的租金。如果会议不在企业内部召开，而是跑到酒店、宾馆租会议场地，就会产生场地租金。

第二类：会议的资料费。为配合开会，一般要打印各种资料，打印这些资料是有费用的。

第三类：组织会议的杂费。为组织会议，相关人员要事先考察，跑前跑后，就会产生相应的交通费，另外还有会议横幅制作费、茶点费、桌牌制作费等，这些都属于杂费。

第四类：与会人员的差旅费。外地人员参加会议，必然涉及差旅费（包含住宿费）。

第五类：与会人员的住宿费。如果会议是封闭进行的，与会人员就需要住酒店，自然会发生住宿费。

第六类：与会人员的餐饮费。开会期间大家总要吃饭，吃饭就会产生餐饮费。

有个细节要注意，员工到外地参会，发生的费用也可以差旅费名义报销。也就是说，会议费报销和差旅费报销是存在一定交集的。

这里要特别说明会议期间发生的餐饮费。餐饮费一般在业务招待费中报销。如果餐饮费是因召开会议发生的，它可以作为会议费的一部分报销。这样报销对企业计缴企业所得税是有利的。

### （3）会议费需要提供的证明材料

会议费报销仅有发票是不行的，还需要提供更翔实的证明材料。最关键的两项证明材料是会议通知与会议签到表。会议通知可以说明会议为什么召开，会议签到表则可证明会议是否真实召开了。

会议通知要尽量正式一些，至少应注明以下信息：

第一，会议的议题；

第二，会议召开的时间、地点；

第三，参与人；

第四，会议日程；

第五，加盖公章。

如果会议由外部机构组织，本单位只是派人出席这个会议，应由会议组织方为本单位开具"会议费"名目的发票。这时一定要注意，开票方不能张冠李戴，不能是其他第三方。原则上，会议费发票上的印章应与会议通知上的印章单位名保持一致。

会议费报销应关注的重点内容如图 3-2 所示。

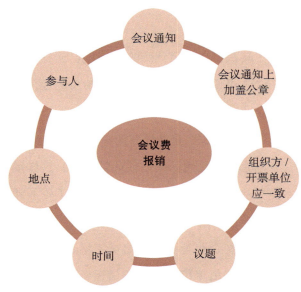

**图 3-2  会议费报销应关注的重点内容**

## 16. 员工通信费如何报销

很多企业会给员工报销通信费，但需要员工提供通信费发票。现在员工的手机号码基本上是实名办理的，按默认规则，通信费只能开具个人姓名抬头的发票。这样的通信费能在企业所得税税前扣除吗？一般来说，不能。原因在于不好界定该通信费是算企业费用还是个人费用。

单位给员工报销通信费，应该说兼具费用报销属性和员工福利属性。因为个人使用手机发生的通信费既会有因公话务，也会有因私话务。二者各为多少，很难切割清楚。既然分不清，税务机关从严把控，不允许发票为个人抬头的通信费在企业所得税税前扣除。

事情迎来了转机，现在运营商的 App 上已经提供了开具电子发票的接口，个人可以选择开具个人姓名抬头的通信费发票，也可以选择开具企业名称抬头的通信费发票。

关于员工通信费报销，企业还有两种做法也需要引起注意。

第一，有的企业直接给员工发放通信补贴，这样操作固然简单，但有一点要注意，通信补贴需要并入员工工资一并计征个人所得税。

第二，也有一些企业为了避免给员工增加个人所得税负担，会采用变通的办法，由单位统一向通信运营商购买话费充值卡，然后按企业制定的报销标准把充值卡发放给员工使用。购买电话充值卡（预付卡）时，运营商可以开具企业名称抬头的发票。这样操作形式似乎无碍，却隐藏着一定的风险。

这里需要展开说明一点，诸如通信费、交通费等，企业明确员工月度报销标准，凭票报销的，需要防范可能存在的税务风险。具体可分两种情况进行分析：

①企业强调实报实销，但不得超过报销标准，这样操作应无碍，可正常做费用；

②如果员工都是顶格报销，会计人员不对费用真实性审核把关，这种情况下，税务机关很可能会认为企业在变相发放福利。

## 17. 员工置装费报销的要领

顾名思义，置装费就是购置服装所发生的费用。有些企业对员工的着装有较高的要求，如车间工人要统一着工服上岗，行政管理人员要统一着西服上班。既然企业有这样的要求，势必就会产生员工着装方面的开支。例如，某些企业新员工入职时，企业会给新员工报销一定额度的置装费；有的企业甚至每年都会给员工报销一定额度的置装费，或为员工提供工服。

### （1）置装费的报销形式

企业报销置装费主要有两种形式：一是企业统一定制工服，

让员工统一着装，置装费由企业与服装厂家或商家统一结算；二是员工自行购买"工服"，凭发票报销。

需要注意，采用第二种方式报销置装费很可能存在税务风险。原因在于，员工自行买衣服这件事说不清楚，将来面对税务机关的问询，企业和员工都很难证明这样的"置装费"确实是因为企业生产经营需要而发生的。既然说不清楚，员工自行报销的置装费就可能会被视作企业在变相发放福利。

如果员工报销置装费被认定为企业给员工发放福利，那么就涉及纳税调整的问题。一方面，增值税专用发票对应的进项税额是不能认证抵扣的，已经认证的进项税额应做转出处理；另一方面，报销的置装费应并入员工当月工资一并计征个人所得税。还有一点，企业给员工报销的这类置装费，因不足以证明是用于生产经营，故而不得在企业所得税税前扣除。

### （2）置装费如何规避税务风险

这既要看置装的真实用途是什么，也要看置装费如何结算。

不可否认，企业某些工作岗位的确有统一着装的必要，或者某些工作岗位出于劳动保护原因需要上岗人员穿着专门的工服、安全鞋等，企业因之发生的置装费是合理的，应被认定为是用于生产经营。这种情况下发生的置装费，增值税进项税额抵扣、企业所得税税前扣除，都不存在障碍，它们可以计入劳动保护费用，而且没有企业所得税税前扣除的限额约束。

　　但对于工服，我们要有一个全新的认识。现在有些企业提供给员工的工服早已不是千人一面的旧式工服了，新工服质地考究，穿着时尚。这些企业希望员工穿得体面一些，着装正式一些，以此展示企业良好的形象。例如，有些集团公司要求员工上班期间穿西装，企业统一给员工定制，西装的款式、用料保持一致。这种情况下，企业发生的置装费可以作为生产经营费用正常入账。

　　综上，置装费能否在企业所得税税前扣除？对应的进项税额能不能认证抵扣？关键要看置装费的报销主体是个人还是企业。如果是由员工个人报销置装费，这样的置装费极有可能被税务机关认定为员工福利。如果是由企业统一结算置装费，这样的置装费更易得到税务机关的认可。

## 18. 礼品费中蕴藏的税务风险

　　在商业交往中，有时候企业会购置、定制或者以自有产品作为礼品馈赠客户、员工，或用于市场推广。礼品费在商业交往中频繁发生，其会计处理与税务处理并不简单。

　　费用报销时，企业应避免礼品费发票入账。这样要求有两方面的原因：

　　第一，礼品费容易引起商业贿赂的嫌疑，如企业账面有较多的礼品费，账务处理刻意模糊，很容易让监管部门觉得有"猫腻"；

第二，礼品费存在较大的税务风险，它会影响增值税、附加税、个人所得税和企业所得税的缴纳。

正因为有以上两方面的原因，对于礼品费的账务处理，企业绝不可掉以轻心。

### （1）礼品费对增值税与附加税的影响

礼品的来源不同，对增值税处理的影响也不同。

① 如果是企业购进的礼品，取得的增值税专用发票对应的进项税额不得认证抵扣，进项税额应计入礼品的成本。购进礼品时因用途不明确，增值税专用发票已认证的，礼品送出时，须将对应的进项税额做转出处理，转出的进项税额记作礼品成本。

② 如果企业拿自己的产品做礼品，需视同销售。礼品送出时要按礼品的市场价值或公允价值核算增值税销项税额。

企业购置礼品时应根据所购商品的品类及名称据实开票。这样做一方面可轻松应对未来礼品用途发生改变的情况，如所购礼品改用于生产经营，这时对应的增值税进项税额就可用于抵扣了；另一方面可方便礼品登记入库，规范礼品的库存管理。

礼品费会对增值税造成影响，自然也会影响附加税的缴纳。

### （2）礼品费对个人所得税的影响

送礼品的本质是一种赠送行为。赠送行为发生后，企业需要代扣代缴个人所得税，个人所得税按"偶然所得"项目计算，税率为20%。但企业赠送的具有价格折扣或折让性质的消费券、代金券、抵用券、优惠券等礼品除外。

现实中，企业送出礼品时，不可能向受赠人收取个人所得税。税金实际要由企业承担，这就要求会计人员倒算个人所得税。送出去的礼品的价值是税后金额，需倒推出税前金额，以税前金额作为礼品费入账，把税前金额和礼品价值的差额计入个人所得税，企业履行代扣代缴义务。

【例 3-1】企业送给客户一部手机，价值（含税）8 000 元。企业倒算出来的礼品费实际为 10 000［8 000÷（1-20%）］元。会计分录如下：

借：管理费用——礼品费　　　　　　　　　　　　10 000
　　贷：库存商品——低值易耗品（礼品）　　　　　　 8 000
　　　　其他应付款——代扣代缴个人所得税　　　　　 2 000
借：其他应付款——代扣代缴个人所得税　　　　　　 2 000
　　贷：银行存款　　　　　　　　　　　　　　　　　 2 000

如果会计做账时没有倒算礼品费的金额，而是直接按送出手机的价值替客户缴纳个人所得税，例 3-1 的会计分录如下：

借：管理费用——礼品费　　　　　　　　8 000

　　贷：库存商品——低值易耗品（礼品）　　 8 000

借：营业外支出　　　　　　　　　　　　1 600

　　贷：银行存款　　　　　　　　　　　　 1 600

如果企业将礼品送给内部员工，礼品的价值须并入员工薪酬一并计征个人所得税。

### （3）礼品费对企业所得税的影响

礼品费用途不同，会计账务处理也不同。礼品送给客户或者业务关系人的，应记入"销售费用——业务招待费"科目；礼品用于企业推广活动、促销活动的，可记入"销售费用——宣传费"科目；礼品送给本企业员工的，可作为"应付职工薪酬——职工福利费"入账。

如果礼品费是作为"业务招待费"入账，那么只能按发生额的 60% 在企业所得税税前扣除，且最高不得超过企业当年销售（营业）收入的 5‰。

# 第四章

## 特殊的费用报销事项

　　企业费用报销事项中的90%都属于常规性事项，会计人员遵照企业的费用报销制度处理即可。麻烦的是，另有10%的费用报销事项比较特殊。对于这部分费用报销事项，会计人员处理起来会比较棘手。棘手的原因主要有两个方面：第一，该费用应如何做账，应将其记录在哪个明细科目中；第二，报销这样的费用有没有涉税风险，该费用能否在企业所得税税前扣除，企业是否要就报销款替报销人代扣代缴个人所得税。

## 19. 预充值的购物卡如何做账

购物卡预销售由于其便利性，且能对商家起到提前回笼资金、减少现金流通、促进商品销售等作用，因此被广泛采用。但要注意了，现在加油站加油、购买超市购物卡或电商购物卡，发票开具名目均为"预付费"，不能再像以前那样选择办公用品、劳保用品等品类开具发票了。这种情形下，商家该如何对购物卡记账，如何进行税务处理呢？

下面我们分别站在购买方与销售方的角度来分析购物卡的会计处理。

### （1）购买方

对买家而言，购买购物卡只是取得了提货的权利，并非真正消费，其本质是预付账款，实际消费之前应做债权核算。

购买购物卡时或许能从商家全额取得办公用品名目的发票，

但这只是形式，并不代表费用的实质。因此，会计做账时将购买购物卡的费用直接记入"办公用品费""劳保用品费"等科目是不恰当的，金额较大时会存在一定的税务风险。

购物卡如何记账取决于购物卡的用途。如果购物卡是企业内部使用，行政部门用作办公用品采购，记为"办公用品费"是合适的。如果购物卡用于给员工发放福利，这时应记作"职工福利费"，且须并入员工薪酬代扣代缴个人所得税。

现实中，很多企业购进购物卡后用于对外送礼。如果这一目的是明确的，送购物卡与送礼品本质上没有区别，这时购物卡支出应记作"业务招待费"。根据现有会计准则，账务处理如下：

借：管理费用——业务招待费

　　贷：库存现金

借：营业外支出——代交个人所得税

　　贷：应交税费——应交个人所得税

送礼应按"偶然所得"项目代扣代缴 20% 的个人所得税，名义上该项个人所得税需由收礼人承担，但实际操作中都是由企业代付的。企业代付的这部分个人所得税不属于企业自己的经营活动支出，因此，在汇算清缴时应调增应纳税所得额。

## （2）销售方

对销售方而言，出售购物卡不代表真正实现了收入。商家在销售购物卡时，不能确定持卡人要购买哪种商品，更谈不上风险已经转移，显然不符合收入确认的要件。销售购物卡收到的款项本质是预收账款，因此商家在销售购物卡时，会计应记作"预收账款"，待购物卡实际消费时再结转为收入。

实际执行过程中，税务机关为了方便管理，往往不以商家开具发票的金额征税，而是以商家实际收到的货款金额征税。因为购物卡在出售时商家就收到了款项，自然要同时缴纳增值税。因此，商家预售购物卡体现的税会处理差异值得关注。

## 20. 企业买的茶叶，会计如何做账

企业行政部门买些茶叶备用，这是较常见的事情。企业买茶叶的支出该如何做账呢？这看似是个小问题，但处理起来较为复杂。这个问题没有唯一的答案，买茶叶的支出具体如何做账，取决于茶叶的用途。

企业购入茶叶后，原则上应先将茶叶做低值易耗品入库。如购入茶叶获取的发票为增值税专用发票，不妨先对增值税进项税额进行认证。企业购进茶叶的会计分录如下：

借：库存商品——低值易耗品——茶叶

应交税费——应交增值税——进项税额

贷：银行存款

后续会计人员应根据领用茶叶的实际用途分类做账。

### （1）各部门领用茶叶供员工饮用

这种情况下，企业可将茶叶作为企业办公支出。根据领用部门不同，购进茶叶的成本可分别记作销售费用、管理费用、研发费用、制造费用等。

借：销售费用 / 管理费用 / 研发费用 / 制造费用——办公费
　　贷：库存商品——低值易耗品——茶叶

### （2）将茶叶作为礼品送给企业外部人

企业将茶叶作为礼品送给企业外部人（客户或特定关系人），应将茶叶成本计入业务招待费，同时将对应的进项税额做转出处理，并将转出后的进项税额也记作业务招待费。

借：管理费用——业务招待费
　　贷：库存商品——低值易耗品——茶叶
　　　　应交税费——应交增值税——进项税额转出
借：应交税费——应交增值税——进项税额转出
　　贷：应交税费——应交增值税——进项税额

严格来讲，企业送出茶叶时，还应就茶叶价值（茶叶成本 + 对应的进项税额）代扣代缴个人所得税（税率 20%）。实操中，这部分个人所得税由企业代收礼人承担，企业为之承担的个人所得税应记入"营业外支出"（参见本节"18. 礼品费中蕴藏的税务风险"）。

借：营业外支出——代交个人所得税

贷：其他应付款——代扣代缴个人所得税

### （3）将茶叶作为福利发放给员工

企业将茶叶作为福利发放给员工时，应将茶叶成本计入职工福利费，同时将相应的进项税额做转出处理，并将转出后的进项税额也计入职工福利费。

借：销售费用 / 管理费用 / 研发费用 / 生产成本 / 制造费用

　　——职工福利费

　　贷：库存商品——低值易耗品——茶叶

　　　　应交税费——应交增值税——进项税额转出

借：应交税费——应交增值税——进项税额转出

　　贷：应交税费——应交增值税——进项税额

企业发给员工的茶叶属于非货币性福利，企业应将送给员工的茶叶价值（茶叶成本＋对应的进项税额）并入员工当月工资代扣代缴个人所得税。

### （4）企业职工食堂领用茶叶做食材

企业职工食堂领用茶叶做食材（如煮茶叶蛋、泡制大桶茶水），企业应将茶叶成本计入职工福利费，同时将相应的进项税额做转出处理，并将转出后的进项税额也计入职工福利费。因为食堂支出属于公共福利支出，这部分福利费不需要并入员工工资代扣代缴个人所得税。

借：管理费用——职工福利费

　　贷：库存商品——低值易耗品——茶叶

　　　　应交税费——应交增值税——进项税额转出

借：应交税费——应交增值税——进项税额转出

　　贷：应交税费——应交增值税——进项税额

### （5）企业将茶叶转售

企业发现行政部门茶叶买多了，决定将茶叶转售，会计人员做账时按商品销售处理即可。转售茶叶的收入记入"其他业务收入"科目，茶叶成本结转为其他业务支出。

借：银行存款

　　贷：其他业务收入

　　　　应交税费——应交增值税——销项税额

借：其他业务支出

　　贷：库存商品——低值易耗品——茶叶

## 21. 私车公用，费用如何处理

许多企业都存在私车公用的情况。一些一二线城市实行限行、买车摇号后，私车公用弥补了公务用车之不足，既方便了员工，又有利于企业。

### （1）税务对私车公用的规定

私车公用的费用在会计核算上很敏感，容易与发放交通补贴混淆。私车公用的费用报销后是否应并入工资计征个人所得税，能否在企业所得税税前扣除，一直存在争议。

现实中许多企业对私车公用的费用做凭票报销处理，把与车辆相关的费用单据一股脑儿地作为报销凭据。必须明确，这种做法是不合规的，存在较大的税务风险。原因主要有两点：一是企业很难证实费用就是为"公用"发生的；二是存在变相发放交通补贴的嫌疑。

私车公用涉及的费用大体包括三个部分：

① 车辆运行的直接费用；

② 车辆的折旧补偿与自驾的劳务补偿；

③ 车辆保险、维修等间接费用。

私车公用涉及的费用能否在企业所得税税前扣除，从税务的解释看，不完全认可，也不完全否定。对纳税人因工作需要租用个人汽车，按租赁合同或协议支付的租金，在取得真实、合法、有效凭证的基础上，允许税前扣除；对在租赁期内汽车使用所发生的汽油费、过路过桥费和停车费，在取得真实、合法、有效凭证的基础上，允许税前扣除。其他应由个人负担的车辆保险费、维修费等，一般不得在企业所得税税前扣除。

### （2）私车公用费用的性质

私车公用的本质是企业与员工达成私车承租协议。私车公用的费用，一方面具有费用报销的性质，如油耗、过桥过路费、停车费等直接费用；另一方面又具有补偿性质，如劳务补偿、车辆折旧补偿等费用。

私车公用发生的直接费用可以凭发票据实报销，能在企业所得税税前扣除。补偿性质的费用处理相对复杂，需要分析后差别对待。

对于不具有唯一性、专属性的费用，如保险费、养路费、保养费、维修费、折旧费等间接费用，不能在企业所得税税前扣除。但如果这些费用属于租赁的费用，是有可能在企业所得税税前扣除的。

### （3）私车公用费用报销如何规范

如何让私车公用费用报销做到规范合理、税前扣除理由充分呢？具体操作时，建议做到以下几点。

第一，明确哪些岗位、哪些员工适用私车公用，企业要有书面备案登记，避免把私车公用的费用报销与发放全员性的交通补贴混淆。

第二，与适用私车公用的员工签订用车协议，明确权利义务。这点非常重要，可以解答变相发放交通补贴的质疑。

第三，企业应专门设立私车公用的登记簿，用于登记私车公用的出车记录，包括车牌号、所办事由及每次出车的时间、往返地点、里程等，并需车主签字确认。

第四，协议中要约定清楚费用报销和用车补贴的支付标准与形式，直接费用由员工凭发票据实报销，其中，油费可依据行驶里程及油耗标准报销，过桥过路费、停车费根据出车记录报销。

第五，给予员工的用车补贴（包括劳务补贴、车损补贴等），要制定报销标准，如根据行驶里程确定，补贴金额需并入员工当月工资计征个人所得税。

## 22. 租用写字楼，水电费如何凭发票入账

对企业而言，租用写字楼除了涉及房租、物业费外，还有水电气暖等费用（下文以"水电费"为例分析）。房租、物业费一般可由物业公司或业主直接开具发票。问题在于水电费如何获得发票入账。

因经营范围的限制，部分物业公司开不出水电费发票，电力公司与自来水公司一般不会给租户分别开具发票。如果一栋写字楼只有一本房产证，水电费发票只会开给物业公司（业主）一家，且一张发票多是一栋楼的水电费总额。这种情况下，租户难以从电力公司与自来水公司取得合规的水电费发票。

不能取得水电费发票，对租户而言，意味着支付的水电费不能在企业所得税税前扣除，要蒙受税费损失。如何解决这个难题呢？下面三个思路可供参考。

### （1）请求税务机关代开发票

某地方税务局信息公开栏在回复"代收水电费是否应开发票"时，明确表示"物业公司代收水电费应该开具发票，并仅就其收取的手续费缴纳税款，如无手续费，则无须缴纳税款。"

问题的焦点是，物业公司能否直接开具水电费发票。如果不能，税务机关能否代开水电费发票。对此各地税务规定不一，会计人员需详询当地税务机关。

### （2）物业与税务沟通，变通处理

物业公司可以与主管税务机关沟通，以收据代替发票，并取得税务机关的认可。通常的做法是物业按实际用水、用电金额给租户开收据，同时附上自身水电费发票的复印件佐证租户水电费的真实性。租户凭物业的收据、物业水电费发票复印件、支付物业水电费的转账记录做账确认水电费。因为已获得主管税务机关的认可，这样处理后，租户无发票的水电费就可以在企业所得税税前扣除了。

有个前提需要注意，物业公司不能将应由租户承担的水电费记作自身的费用。举例如下。

【例 4-1】物业公司 2022 年 6 月共支付水电费 10 万元，电力公司与自来水公司给物业公司开具了增值税发票。水电费中租户 A 承担 2 万元，租户 B 承担 3 万元，租户 C 承担 3 万元，物业公司自身承担 2 万元。对此物业公司的账务处理为：

借：管理费用——水电费　　　　　　　　　　20 000
　　其他应收款——代垫水电费——租户 A　　20 000
　　　　　　　　　　　　　　　——租户 B　　30 000
　　　　　　　　　　　　　　　——租户 C　　30 000
　　贷：银行存款　　　　　　　　　　　　　100 000

## （3）将水电费作为物业费的一部分处理

如果上述处理方法不能得到主管税务机关的认可，租户不妨考虑在签订租房合同时约定水电费由物业公司承担，将发生的水电费金额加到物业费中。这样一来，物业公司可以将全部的水电费作为自身费用入账，同时多确认一部分收入（假定增值税由租户承担）。依据例 4-1，物业公司可做以下账务处理：

借：管理费　　　　　　　　　　　　　　　　20 000

　　主营业务成本——水电费　　　　　　　　80 000

　　贷：银行存款　　　　　　　　　　　　　100 000

借：应收账款——租户 A　　　　　　　　　　21 200

　　　　　　　——租户 B　　　　　　　　　31 800

　　　　　　　——租户 C　　　　　　　　　31 800

　　贷：主营业务收入——租户 A　　　　　　20 000

　　　　　　　　　　　——租户 B　　　　　30 000

　　　　　　　　　　　——租户 C　　　　　30 000

　　　　应交税费——应交增值税　　　　　　　4 800


## 23. 企业租用民宅，会计该如何做账

　　企业租用个人的房子并不是什么新奇的事情，被租用的房子有的用作员工宿舍，有的作为高管或外派人员的安置住所，都是正经的用途，自然房租也应是企业用于生产经营的费用。问题是，会计人员做账时会有麻烦——缺少房租发票或不能按月取得发票。

## （1）发票的处理

房东个人不能开发票。企业交付房租后，要想在企业所得税税前扣除，需要说服房东去税务机关代开发票。这时，房东多半会不情愿。一般房东会以"麻烦"为由，要求房租半年付或年付，发票集中开一次。因此，房租费用多带有预付款的性质，取得发票后需按月分摊进费用。

【例4-2】某企业租用民宅，税后月租金4 000元。企业未取得发票，仅以租房合同与房租收据作为佐证，会计在做账时将租金作为费用正常入账，但在申报企业所得税时，这笔房租费用不能在企业所得税税前扣除。

代付房租个人所得税 =4 000×（1-20%）×20%=640（元）

会计分录为：

借：管理费用——房租      4 000

    营业外支出——代付房租个人所得税      640

    贷：银行存款      4 640

实务中存在一种不合规的处理方式：使用替票报销房租。这种做法既不合法，也不合规，税务风险极大，企业须避免采用。

## （2）税点的处理

理论上，代开房租发票涉及增值税、附加税、房产税。各地税务机关基于居民个人出租房屋的特殊性，对房租设定了综合税负，一般为 5%～6%。房东到税务机关代开房租发票时须先行完税。房东的个人所得税则由租房企业代扣代缴。名义上这些税应由房东承担，但实际操作中往往由企业负担。

【例 4-3】沿用例 4-2，如果房东不承担税点（综合税率 5%），要求月净租金 4 000 元，税点该如何处理呢？以下两种方式可供选择。

第一，签合同时提高房租金额，税点由房东承担，但要保证房东净租金为 4 000 元。本例中含税房租可签为 5 000 元，其中 238.10［5 000÷（1+5%）×5%］元为应交综合税。

房东个人所得税 =（5 000-238.10）×（1-20%）×20%

$$= 761.90（元）$$

会计分录为：

借：管理费用——房租      5 000.00

    贷：银行存款      4 238.10

        其他应付款——代扣代缴个人所得税      761.90

借：其他应付款——代扣代缴个人所得税      761.90

    贷：银行存款      761.90

第二，企业代为支付税点，含税房租为4 000元，企业代交综合税190.48［4 000÷（1+5%）×5%］元，个人所得税为609.52［（4 000-190.48）×（1-20%）×20%］元。需要注意的是，企业代房东支付的综合税、个人所得税不属于企业自己的生产经营费用，须记入"营业外支出"科目，不能在企业所得税税前扣除。会计分录为：

借：管理费用——房租　　　　　　　　　　4 000.00

　　营业外支出——代交房租税金　　　　　　190.48

　　　　　　　　——代付房租个人所得税　　　609.52

贷：银行存款　　　　　　　　　　　　　　4 800

### （3）哪种选择更有利

依据例4-3，从直接付现金额看，不要发票时付现最少，只需4 640元；由房东承担税点时付现最多，需5 000元。

从纳税筹划角度看，不要发票时，4 640元房租和代付个人所得税均不能在企业所得税税前扣除。房东承担税点时，5 000元房租可在企业所得税税前扣除。企业承担税点时，4 800元房租中只有4 000元可在企业所得税税前扣除。综合付现成本与税负成本不难看出，提高租房合同金额，由房东承担税点对企业更有利。

最后提醒一点，若租用员工宿舍取得了增值税专用发票（含房租、水电费等），其进项税额不能认证抵扣，应做转出处理。

## 24. 微信红包的税务处理与账务处理

微信红包已司空见惯，抢到红包的人总是高兴的，但大家高兴之余，考虑过自己的纳税义务吗？

理论上，微信红包属于礼品或赠与的范围，抢得红包者应按"偶然所得"计算缴纳个人所得税，税率为20%。在实操层面，红包实在太过琐碎。取得红包后，由个人申报纳税难以执行；由税务查实征缴，执法成本又实在太高。因此，对于红包纳税之事，当有经有权。

已明确的是，企业向个人发放红包，企业需要替中奖人履行个人所得税代扣代缴义务。这也是企业必须履行的义务。企业代扣代缴个人所得税时有个细节要注意，如果中奖人所得红包为8元，企业应代扣代缴个人所得税2元（不是1.6元），视同发放了10元的红包。也就是以偶然所得的20%税率倒算发放金额，即$8÷（1-20\%）=10（元）$。

亲戚朋友间互相赠送的红包则网开一面，税务尚未强制要求纳税。

对于微信红包的账务处理，需要分两种情况区别对待。

（1）企业出于经营的原因，如促销、市场宣传等，向企业外的个人发放的微信红包可以作为企业的正常费用（如市场推广费、广告宣传费）入账，按 20% 的税率代扣代缴个人所得税后，该费用可在企业所得税税前扣除。

（2）企业为了活跃团队气氛，给自己企业员工发放的微信红包，如春节红包，应作为职工福利费入账，一并计入员工薪酬计征个人所得税。

# 25. 企业捐赠的会计处理

## （1）企业捐赠的账务处理

爱心捐赠涉及的问题有以下三个。①捐钱还是捐物；②公益性捐赠还是非公益性捐赠；③直接捐赠还是间接捐赠。所谓直接捐赠，就是企业直接将爱心款项或爱心物资交付给当事人；间接捐赠则是指企业将爱心款项或物资捐给政府部门或公益性社会团体。

有一点是明确的，企业无论捐钱捐物、公益与否、捐给谁，在会计账务处理上，捐赠支出都记录在"营业外支出"科目。

捐钱的会计分录为：

借：营业外支出——捐赠

　　贷：银行存款（库存现金）

捐物的会计处理要复杂一点，有个细节很容易被会计人员忽略，捐物涉及视同销售的问题，捐赠物资是要交增值税的。捐物的会计分录为：

借：营业外支出——捐赠

贷：库存商品

应交税费——应交增值税——销项税额

视同销售的捐赠物资计价按下列顺序确定。

第一步，按纳税人最近时期同类货物的平均销售价格确定。

第二步，按其他纳税人最近时期同类货物的平均销售价格确定。

第三步，按组成计税价格确定。计算公式为：

$$组成计税价格 = 成本 \times (1 + 成本利润率)$$

上述公式中的成本利润率由税务机关确定。

## （2）能否减免增值税

如上述所讲，企业做公益性捐赠，捐赠物资时要视同销售，还要缴纳增值税。但针对某些特定捐赠事项，如对目标脱贫地区的捐赠、对地震灾区的捐赠，国家税务总局、财政部等部委曾联合发文减免所捐物资的增值税。

## （3）能否在企业所得税税前扣除

捐赠支出能否在企业所得税税前扣除，要做两项判断。

第一，是否是公益性捐赠，如果是非公益性捐赠（如捐给企业总经理的同学、朋友），捐赠支出不得在企业所得税税前扣除，应全额做纳税调增处理。

第二，公益性捐赠是否通过政府部门或公益性社会团体进行，企业直接捐赠给当事人的，捐赠支出不得在企业所得税税前扣除，应全额做纳税调增处理。

也就是说，只有通过政府部门（县级以上人民政府及其部门）、公益性社会团体（需要得到税务认可，可到各地税务局的官方网站查询）进行的公益性捐赠，捐赠支出才能在企业所得税税前扣除。

需要注意，企业捐赠后要记得索取相应的票据，作为日后捐赠支出在企业所得税税前扣除的依据。合规的票据包括省级以上（含省级）财政部门印制并加盖接受捐赠单位印章的公益性捐赠票据、加盖接受捐赠单位印章的收据。

对于能否在企业所得税税前全额扣除的问题，如果是公益性捐赠，除国家税务总局、财政部等部委专项发文认可的特定捐赠事项外，捐赠支出在企业所得税税前实行限额扣除。具体标准如下：

在年度利润（指会计利润）总额12%以内的部分，准予在计算应纳税所得额时扣除；超过年度利润总额12%的部分，准予结转以后三年内在计算应纳税所得额时扣除。

## 26. 办公楼装修费的摊销年限如何确定

办公楼的装修费该如何做账呢？一般而言，装修费属于大额支出，且属于可长期获益的支出，应作资本化处理。鉴于此，将装修费用在当期全额费用化的做法是行不通的，这么做很难得到税务的认可，税务不会允许它全额在当年企业所得税税前扣除。

装修费一经明确要做资本化处理，多数情况是记入"长期待摊费用"科目。但也有例外，如果办公楼为企业自行营建，在投入使用前装修的，发生的装修费可记入"在建工程"科目。办公楼验收后，装修费再从"在建工程"科目结转到"固定资产"科目。

接下来的问题是，已资本化的装修费，该如何摊销、该按多长年限摊销呢？

首先，已记入"在建工程"且已转入"固定资产"科目的装修费，直接按房产的折旧年限摊销（一般不短于 20 年）。

其次，已记入"长期待摊费用"科目的装修费的摊销，要分两种情况处理。

第一，看办公楼的所有权归属，如果办公楼是企业自己的固定资产，装修费可直接按装修的受益年限进行分摊。假设此次装修后预计 10 年后再进行下次装修，那么意味着此次装修可受益 10 年，装修费即可按 10 年进行摊销。

第二，如果办公楼是租来的，装修费的摊销年限就不能简单依循上例，需要考虑两个年限后再做决定。第一个年限，装修费的受益年限；第二个年限，办公楼的租用年限。两个年限哪个更短，装修费就按哪个年限进行摊销。

## 27. 违约金的报销规范

下面以案例来说明违约金的报销规范。

【例4-4】A公司与B公司签订了材料订购合同，合同约定，B公司应将这批原材料于6月30日运抵A公司，每延误一天，B公司应支付A公司违约金1万元。结果B公司延误了10天，共支付给A公司违约金10万元。那么，这笔违约金A公司和B公司应如何做账？A公司是否应给B公司开具发票，是否要缴纳增值税？B公司能否将这笔费用在企业所得税税前列支呢？

### （1）如何做会计分录

A公司收到违约金时的会计分录为：

借：银行存款　　　　　　　　　　　　　　　　100 000

　　贷：营业外收入　　　　　　　　　　　　　　100 000

B公司支付违约金时的会计分录为：

借：营业外支出　　　　　　　　　　　　　　　100 000

　　贷：银行存款　　　　　　　　　　　　　　　100 000

### （2）收到违约金是否要开票交税

对 B 公司而言，由于各种原因导致合同未履行，支付 A 公司违约金，这项支出不属于增值税应税行为，不需要取得发票。这意味着 A 公司无须就这 10 万元向 B 公司开票，也无须为此款项缴纳增值税，但这 10 万元属于企业所得税的征税范围。

### （3）支付违约金能否在企业所得税税前扣除

B 公司支付的违约金虽然记录在"营业外支出"科目，但它可凭借双方签订的合同、赔偿协议，收款方开具的收据或法院判决书（或调解书）、仲裁机构的裁定书等凭证将该费用在企业所得税税前列支。

# 第五章

## 员工奖励与福利的
## 报销规范

　　严格来讲，员工奖励与福利属于员工薪酬的一部分，但有一部分员工奖励与福利是以费用报销的形式兑现的。这样的费用报销兼具双重属性，既有发放薪酬的实质，又有费用报销的形式。正因为有双重属性，这类费用报销多出了值得关注的税务风险点，一是报销额有无个人所得税扣缴的要求，二是费用能否在企业所得税税前扣除。企业变相发放非货币性福利，往往蕴藏着一定的税务风险，要想降低这种风险，最好的办法是员工福利货币化。

## 28. 年终奖的会计处理

### （1）年终奖的性质：员工参与利润分配

员工有权要求企业按时足额发放工资，但无权要求企业发放年终奖。年终奖可有可无，可多可少，并非企业对员工的法定义务。从这个角度看，愿意为员工发放年终奖的企业都是充满善意的。会计做账时把年终奖当作成本费用，这是曲解了年终奖。我更愿意相信年终奖是股东在讨好员工，允许员工共同参与利润分配。

### （2）年终奖的发放标准

给员工发多少年终奖合适呢？常见的做法有三种。

第一种做法，固化为 N 个月的工资。例如，一些企业宣传自己的员工拿 16 薪（16 个月的薪酬），这就意味着员工的年终奖为

4 个月的工资。

第二种做法，从企业的利润中提取一定比例作为年终奖，然后按员工职级确定具体发放金额。

第三种做法，将超过利润目标的"增量利润"全部或按一定比例拿出来作为员工的年终奖，然后按员工职级确定具体发放金额。

### （3）年终奖的发放：体现企业的留人策略

年终奖的发放模式各有千秋。大型外企和国企年终奖的发放操作很简单，年底或来年初一次性给付，以春节前结清的居多。大型民营企业发放年终奖就很有策略了，例如，以前某知名企业的年终奖在次年三季度才兑现，另一知名企业的年终奖分几次兑现。员工在拿到年终奖之前提出离职，有的企业明确规定不再发放年终奖；即便发放，一般也会打些折扣。站在企业的角度，年终奖可以抑制员工的离职冲动，没发放时让员工望眼欲穿、欲弃不忍，这时企业的留人策略就算部分成功了。

### （4）年终奖预提：符合条件可以税前扣除

在会计处理上，年终奖可以在实际发放时记作费用，也可以先预提出来记作费用，以后再发放。企业在年末计提但未发放的年终奖能否在企业所得税税前扣除，这要分两种情形来看：①如果汇算清缴前实际支付了，可以在企业所得税税前扣除；②如果汇算清缴前未支付，就不能在企业所得税税前扣除，要延到实际发放年度扣除。鉴于此，企业应根据利润情况用好这项规定，尽量把纳税义务发生的时间往后移。

### （5）年终奖个人所得税：一年只能优惠一次

从 2019 年个人所得税新政实施至 2023 年，年终奖可单独计征个人所得税。从 2024 年开始，如果年终奖单独计征个人所得税的政策不顺延了，那么年终奖须并入综合所得一并计征个人所得税。在五年过渡期内，计算年终奖个人所得税的优惠政策一年仍只能享受一次，出现第二次时，奖金须并入当月工资计算个人所得税。

那么，如何计算年终奖应交的个人所得税呢？

月薪（不含五险一金）超过 5 000 元的：年终奖乘以对应的税率，减去速算扣除数后就能算出要交的个人所得税了。

月薪（不含五险一金）不超过 5 000 元的：先拿出年终奖中的一部分填足月薪到 5 000 元，然后将剩余的年终奖乘以对应的税率，减去速算扣除数后就能算出要交的个人所得税了。

### （6）个人所得税摆乌龙：多发一元，个人所得税多千元

年终奖在拐点会出现"多发一元，个人所得税多千元"的情况。许多人对此不理解，解释如下：

① 年终奖个人所得税计算看似与月工资个人所得税计算相同，实则不同；

② 年终奖个人所得税税率根据奖金总额除以 12 后确定；

③ 年终奖个人所得税的速算扣除数比照月工资个人所得税的速算扣除数，但没有乘以 12；

④ 年终奖个人所得税在档位间会出现断裂。

## 29. 个人所得税手续费返还需要交哪些税

企业代扣代缴员工个人所得税时，可以从税务机关取得个人所得税总额 2% 的手续费返还。从来没有听说过有增值税手续费返还、企业所得税手续费返还，为什么会有个人所得税手续费返还呢？原因在于，增值税与企业所得税本身就是企业应缴纳的税种，而个人所得税不是。个人所得税是员工缴纳，由于税务机关向员工个人征税难度较大，于是就将这一责任转嫁给了企业，也就是说企业是在帮税务机关的忙，为之代扣代缴个人所得税。既然是帮忙，给一点点个人所得税手续费返还做酬劳也就无可厚非了。

这 2% 的手续费返还，会计该如何进行账务处理与税务处理

呢？不少会计人员对此认识并不清晰，存有诸多疑惑。

围绕个人所得税手续费返还，下面几个问题就有很大争议：首先，个人所得税手续费返还的所有权属于企业，还是属于企业办税人员；其次，企业取得的个人所得税手续费返还是否要交增值税；再次，针对个人所得税手续费返还，企业是否该确认收入，是否要交企业所得税；最后，个人所得税手续费返还奖励给办税人员时，是否要交个人所得税。厘清了这四个问题，会计人员对个人所得税手续费返还的账务处理才能清晰。

### （1）个人所得税手续费返还的用途

对于 2% 的个人所得税手续费返还，扣缴义务人可将其用于代扣代缴费用开支和奖励代扣代缴工作做得较好的办税人员。即个人所得税手续费返还的用途有两种，一种是用于代扣代缴工作的管理性支出，另一种是用于奖励有关办税人员。

个人所得税手续费返还用于奖励办税人员并非硬性要求，也并非要奖励全部相关办税人员。

### （2）是否要交增值税

企业取得的个人所得税手续费返还严格来讲应按服务业中的代理业计征增值税。现实情况是，该笔收入是企业从税务机关取得的，因而模糊了征税概念。实务中，税务机关可能并未对某一笔增值税进行实际征收，企业也未主动做纳税处理。如果企业没有就此交增值税，自然相应的附加税也少交了。

### （3）是否要交企业所得税

个人所得税手续费返还既然是税务机关给企业的"劳务报酬"，那么根据《中华人民共和国企业所得税法》和《中华人民共和国企业所得税法实施条例》的有关规定，企业取得的个人所得税手续费返还应缴纳企业所得税。

### （4）奖励办税人员是否交个人所得税

办理代扣代缴手续的相关人员获得个人所得税手续费返还奖励的，无须就此交个人所得税。如果企业将此款项改变用途，奖励给非相关人员，则应并入员工当期工资薪金计征个人所得税。

### （5）个人所得税手续费返还的账务处理

企业收到个人所得税手续费返还时要交流转税，在会计处理上，应记入"其他收益"科目。因为企业不会就个人所得税手续费返还开具增值税发票，所以对应的销项税要做未开票申报。账务处理如下：

借：银行存款

　　贷：其他收益

　　　　应交税费——应交增值税——销项税额

个人所得税手续费返还在使用时，应记入"管理费用"科目。实际发放给办税人员时，账务处理如下：

借：管理费用——个人所得税手续费奖励（张某）

　　　　——个人所得税手续费奖励（李某）

　　贷：银行存款

还有一点要说明，个人所得税手续费返还不是由税务机关自发操作的，它需要企业主动在个人所得税申报软件上申请，企业不申请的，视同放弃。

# 30. 几类特殊的职工福利费报销规范

## （1）企业内部刊物稿酬

稿酬所得，是指个人因其作品以图书、报刊形式出版、发表而取得的所得。对于稿酬所得，有专门的方法计征个人所得税。但前提是，作品要正式公开出版发行。企业内部刊物显然不符合这一要求，因此，员工给企业内部刊物投稿所获得的稿酬，不能适用稿酬所得计征个人所得税，而应合并到当月工资中，按工资、薪金所得征税。

### （2）为员工上的商业保险与补充保险

企业为员工上的商业保险或补充保险通过应付职工薪酬核算，可计入职工福利费。但这一部分保险属于社会保险统筹之外，实质是企业给员工的奖励。严格来讲，企业给员工上的商业保险与补充保险应并入员工当月工资一并计征个人所得税。

对于商业保险计入个人薪酬的个人所得税缴纳，税法有相应的优惠政策。2016 年 1 月 1 日起，我国在北京、上海等 31 个地区开展商业健康险个人所得税优惠政策试点。2017 年 7 月 1 日起试点政策推广到全国实施。政策规定，符合规定的商业保险支出，可在个人所得税税前扣除。

怎么判断购买的商业保险是否符合规定呢？保险公司销售商业健康保险产品时，会在符合税收优惠条件的保单上注明税优识别码。

税优识别码由 18 位数字组成，简称"税优码"。税优码是数字识别码，它可确保税收优惠商业健康保险保单的唯一性、真实性、有效性，可避免纳税人重复购买税优商业保险产品。商业健康保险信息平台按照"一人一单一码"原则对投保人信息进行校验后，下发给保险公司，并打印在保单凭证上。

个人购买商业健康保险但未获得税优识别码，以及购买其他保险产品的，不能享受税前扣除政策。对个人购买商业健康保险产品的支出，允许在当年（月）计算应纳税所得额时予以税前扣除，扣除限额为 2 400 元 / 年（200 元 / 月）。只要每月支出不超过 200 元就不用交税。

### （3）职工福利不用交个人所得税的情形

下面再说几种职工福利不用交个人所得税的情形：

①因企业办公或经营需要发生的福利费免征个人所得税，如建筑工地发放的防暑降温用品、非常时期给员工发放的体温计等费用；

②不能合理按人头计量的福利费免征个人所得税，如单位年会时组织员工聚餐发生的餐费；

③某些特殊的福利费免征个人所得税，如向生活困难员工发放的临时性困难补助。

## 31. 企业员工食堂的会计处理

企业员工食堂有多种运作办法，较常见的有三种：①企业自营员工食堂；②企业成立独立核算的子公司（后勤公司）经营员工食堂；③企业提供场地，将食堂外包给第三方经营。

上述②③两种做法的性质是类似的，员工食堂是商业化运作模式，无论是企业成立的后勤公司，还是外包的第三方公司，都可以将之视作独立的餐饮服务供应商。企业与之结算遵照与外部餐饮公司的结算方式即可，唯一的不同点是，支付的费用要计入职工福利费。

本节主要讲解企业自营员工食堂的会计处理。

### （1）企业食堂成本支出的会计处理

企业食堂发生的成本费用应计入员工福利费。食堂发生固定资产采购、食材采购、低值易耗品采购的，应先记录在相应的资产科目，然后根据物资使用情况与领用情况予以费用化。当期计提的固定资产折旧、已领用的食材与低值易耗品金额等都计入职工福利费。

食堂采购与成本费用支出的会计分录如下。

① 食堂采购厨具设施时：

借：固定资产——厨具

　　贷：银行存款

② 厨具设施折旧：

借：管理费用——职工福利费

　　贷：累计折旧——厨具

③ 食堂采购食材、厨具：

借：低值易耗品——食材

　　　　　　——厨具

　　贷：银行存款

④ 领用食材制作食品时：

借：管理费用——职工福利费

　　贷：低值易耗品——食材

要注意了，企业食堂采购固定资产与食材时，取得增值税专用发票的，进项税额不得用于抵扣；已认证的，应做进项税额转出处理。

⑤ 发放食堂工作人员薪酬：

借：管理费用——职工福利费

　　贷：应付职工薪酬

借：应付职工薪酬

　　贷：银行存款

⑥ 食堂发生水电费、日杂费：

借：管理费用——职工福利费

　　贷：银行存款或库存现金

### （2）食堂收取餐费的会计处理

单位食堂向员工收取餐费的情形比较常见，会计对此该如何进行账务处理与税务处理呢？回答这个问题之前，先要搞清楚食堂的性质，看看食堂是否为独立经营单位。

#### 食堂独立经营、独立核算

如果食堂独立经营（进行了工商注册）、独立核算，员工就餐比照市场价格收费，单位食堂就属于市场化运作。此时，食堂收费应确认为主营业务收入，且需按提供餐饮服务缴纳增值税。因为食堂是独立的经营主体，食堂的成本费用开支不能作为职工福利费处理，而应该作为营业成本入账。

独立经营、独立核算的单位食堂会计处理如下。

① 食堂采购设备设施时：

借：固定资产

　　应交税费——应交增值税——进项税额

　　贷：银行存款

固定资产每月的折旧费可结转至"主营业务成本"科目。

② 食堂采购食材：

借：低值易耗品——食材

　　应交税费——应交增值税——进项税额

　　　贷：银行存款

③ 领用食材制作食品时：

借：主营业务成本

　　　贷：低值易耗品——食材

④ 向员工收取餐费：

借：库存现金

　　　贷：主营业务收入——食堂餐费

　　　　　应交税费——应交增值税——销项税额

### 食堂是内部非独立核算单位

食堂作为非独立核算单位存在时，员工在企业食堂就餐，食堂收费一般会低于市场价格。单位食堂无疑具备双层属性：一方面，具有福利性质，单位在贴钱办食堂；另一方面，具有经营性质，食堂向员工收取费用即可视作经营行为。

非独立核算的单位食堂会计处理如下。

① 食堂采购设备设施时：

借：固定资产

　　贷：银行存款

② 食堂采购食材时：

借：低值易耗品——食材

　　贷：银行存款

要注意，非独立核算的单位食堂采购固定资产与食材时，取得增值税专用发票的，进项税额不得认证抵扣；已认证的，应作进项税额转出处理。固定资产折旧费记入"职工福利费"科目。

③ 领用食材制作食品时：

借：管理费用——职工福利费

　　贷：低值易耗品——食材

正因为食堂有双层属性，食堂向员工收费可作为收入入账（内部服务收入无须确认增值税销项税额），也可作为职工福利费支出的抵减。如果作为收入入账，会计分录如下：

借：库存现金

　　贷：其他业务收入——食堂餐费

如果将食堂向员工的收费作为职工福利费的抵减，应先将食堂向员工收取的餐费记作"其他应付款"，形成餐费资金池。会计分录如下：

　　借：库存现金

　　　　贷：其他应付款——食堂餐费

等到食堂采购食材时，就可使用收取的餐费了。但要注意，收取的餐费如果做冲减食堂开支处理，食堂开支被冲减部分不能再记作"职工福利费"。冲减食堂开支的会计分录如下：

　　借：其他应付款——食堂餐费

　　　　贷：库存现金

看完上面的分录，我们会发现单位内部非独立核算的食堂采购时取得的增值税进项税额不能抵扣，但收取的餐费若记作收入却要确认销项税额。可以看出，单位食堂向员工收费会让会计处理复杂化，而且会平添增值税的纳税风险。如果单位食堂不向员工收费，最好制定相应的制度明确经费用途、餐饮标准、用餐时间等事项。

### （3）食材没有发票怎么办

企业食堂的日常支出主要为采购食材的支出。食材是比较特殊的商品，尤其是新鲜食材，企业食堂采购人员从当地农民手中购买蔬菜、米、蛋、鱼、肉等，很难获得发票。没有发票，该如何处理呢，企业能否凭白条入账呢？就上述问题，我看到了某地税务机关的答疑，现将要点摘录下来分享给大家：

对方为依法无须办理税务登记的单位或者从事小额零星经营业务的个人，其支出以税务机关代开的发票或者收款凭证及内部凭证作为税前扣除凭证，收款凭证应载明收款单位名称、个人姓名及身份证号、支出项目、收款金额等相关信息。小额零星经营业务的判断标准是个人从事应税项目经营业务的销售额不超过增值税相关政策规定的起征点。

企业食堂的成本费用支出同样需要遵从税法规定，以票控税的原则不容突破。为了规避税务风险，建议企业食堂的采购活动要索取正规发票。企业不要为了节约采购成本，随便到不能提供发票的商户手里购买食材，更不能放任白条收据入账。

如果从当地农民手中采购食材，建议企业食堂固定食材提供人，尽量长期合作，对方如不能开具发票，可以要求对方每月到当地税务机关代开一次发票。

## 32. 员工免费工作餐要交个人所得税吗

企业给员工提供工作餐，这是一种员工福利。员工享受了工作餐福利，是否要交个人所得税呢？根据企业给员工提供工作餐的情境不同，这个问题的答案也不同。有的情境下需要交个人所得税，有的情境下不需要交个人所得税。

### （1）不需要交个人所得税的情境

不需要员工交个人所得税的情境有以下两种。

① 企业有自己的食堂，员工到食堂免费就餐，食堂为此发生的制餐费用属于集体福利支出，不需要分摊到员工头上，员工自然无须交个人所得税。

② 企业没有食堂，找送餐公司配送工作餐或让员工固定在某餐厅就餐（如在写字楼公共食堂就餐），月底由企业与配餐公司或餐厅统一结算餐费，此时，结算的餐费不需要并入员工工资薪金计征个人所得税。

针对这两种情况，会计分录为：

借：管理费用（等科目）——职工福利费

贷：银行存款

稍加分析，我们会发现这两种情况有一个共同点，就是企业为员工的餐费买单了，但餐费没有直接支付给员工个人。

### （2）需要交个人所得税的情境

如果企业图省事，为员工提供免费午餐时直接给员工发放餐补，那就需要员工缴纳个人所得税。例如，企业没有食堂，每月给员工发放300元午餐补助，员工自己付费就餐，这300元餐补就需要并入员工当月工资一并计征个人所得税。

企业给员工直接发放餐补，会计分录为：

借：管理费用（等科目）

　　贷：应付职工薪酬

为了避免交个人所得税，有的企业想出了变通的办法，如要求员工凭票报销，以报销餐费的方式为员工变相发放工作餐补贴。严格来讲，这种做法是不合规的，因为员工报销的餐费并不属于企业正常的业务招待费支出。税务机关很可能要求企业做纳税调整，将报销金额并入员工当月工资计征个人所得税。

综上，如果企业打算为员工提供工作餐福利，站在个人所得税筹划的角度审视，企业自建食堂，或联系餐饮公司送餐，或与员工就餐的餐厅统一结算，都可避免员工多交个人所得税。

讲完了工作餐的问题，下面再来说一说误餐补助。

误餐补助需要交个人所得税吗？税务机关出台的解释是不需要，但要符合误餐补助的定义。税务机关认可的误餐补助是指员工个人因公在城区、郊区工作，不能在单位或返回就餐，确实需要在外就餐的，根据实际误餐顿数，按规定标准领取的误餐费。可见误餐补助是针对特定人、特定情景发生的。如果单位以误餐补助名义给员工发福利，则应并入当月工资计征个人所得税。

## 33. 端午节发给员工的粽子如何做账

端午节有两个标志性的习俗，一为赛龙舟，二为吃粽子。赛龙舟受区域限制，没水的地方玩不了，吃粽子就不同了，不受地域的限制。粽子，由粽叶包裹糯米蒸制而成，是中华民族传统节庆食物之一。

粽子也是端午节时馈赠亲友，表达亲情与传递友谊的上选，很多企业会在端午节前采购粽子或粽子购物券发放给员工作为福利，或者作为礼品用于赠送商业伙伴。下面我们就站在企业税务管理的角度，看一看食品企业生产粽子、餐饮企业销售粽子、企业购买粽子所涉及的纳税处理。

### （1）生产粽子

粽子虽是用糯米加工制作而成，但它属于农产品的深加工，粽子本身不属于农产品。因此，企业销售粽子不能享受直接销售农产品的优惠税率，生产粽子的企业或售卖粽子的企业销售粽子时应按 13% 的税率缴纳增值税（小规模纳税人按 3%）。

### （2）餐饮企业销售粽子

餐饮企业提供餐饮服务时销售的粽子，应按"餐饮服务"6%的税率缴纳增值税（小规模纳税人按 3%）；如果顾客不在餐馆用餐，只是从餐馆买粽子打包带走，应按 13% 的税率缴纳增值税（小规模纳税人按 3%）。前者属于提供餐饮服务，后者属于提供产品销售。

### （3）个人取得厂商赠送的粽子

个人取得厂商赠送的粽子是否交个人所得税，要分两种情况来看。

- 个人购买厂商的产品或服务的同时，获得厂商馈赠的粽子，不需要缴纳个人所得税；
- 如果个人未购买厂商的产品或服务，而取得馈赠的粽子，则应按照"其他所得"适用 20% 的税率，由馈赠方代扣代缴个人所得税。

### （4）单位给员工发粽子

单位给员工发粽子，这无疑是非货币性福利了。无论单位是发实物粽子还是粽子购物券，严格来讲，粽子的价税都要并入员工工资计征个人所得税。但实操中，企业大都没有这样做。

还有一种情况，单位食堂中午给员工发放一个粽子佐餐，这时是不需要交个人所得税的。企业给员工发的粽子，会计做账时应计入职工福利费。

### （5）单位馈赠客户的粽子

例如，单位买了一批粽子或粽子购物券作为礼物，在端午节馈赠客户。每箱粽子的价格为 113 元（其中含进项税额 13 元）。会计应如何做账？

第一，单位购买粽子的支出不属于生产经营性支出，因而对应的进项税额不得认证抵扣，已认证的，要做进项税额转出处理。

第二，粽子送出后应记入"管理费用 / 销售费用——业务招待费"。

第三，企业应按照赠与适用的 20% 的个人所得税税率代扣代缴个人所得税。

企业送出一箱粽子需要交个人所得税 28.25〔（100+13）÷（1-20%）×20%〕元。这里需要说明，企业赠送出去的粽子价值 113 元，理论上这是客户收到赠品的税后价值，会计在计算个人所得税时需要先将它还原为税前价值 141.25〔（100+13）÷（1-20%）〕元。

以送出一箱粽子为例，具体会计分录如下。

① 购进粽子：

借：库存商品——低值易耗品　　　　　　　　　　113

　　贷：银行存款　　　　　　　　　　　　　　　113

② 送出粽子：

借：管理费用 / 销售费用——业务招待费　　　　141.25

贷：库存商品　　　　　　　　　　　　　113.00

　　其他应付款——代扣代缴个人所得税　　28.25

③代扣代缴个人所得税：

借：其他应付款——代扣代缴个人所得税　　28.25

　　贷：银行存款　　　　　　　　　　　　28.25

会计做账后，要记得在汇算清缴时做纳税调整：送出一箱粽子，需调增应纳税所得额，费用包括没有发票的业务招待费28.25元，以及113元业务招待费中不能扣除的部分（参见第三章"13."中关于业务招待费企业所得税税前扣除标准的相关内容）。

中秋节的月饼、元宵节的元宵，其账务处理与税务处理与此类似，这里不再赘述。

## 34. 企业年会上的奖品，如何做账与纳税

每年年末，企业大都会组织年会。为了活跃年会气氛，会有抽奖活动，奖品以实物居多。年会上的奖品会计该如何做账、如何纳税，很多会计人员对此并没有认真思考过。

对此类事项，很多企业会将购入的奖品按发票上的金额计入费用，有进项税的，进项税做认证抵扣。必须说明的是，这样处理是错误的。一方面，奖品不是用于企业的生产经营活动，对应的进项税不得认证抵扣，已认证的进项税需要做转出处理。另一

方面，奖品发放给个人，这属于非货币性质的福利或赠与，需要缴纳个人所得税。

下面就介绍一下企业年会奖品正确的账务处理与税务处理方式。

假定企业召开年会，邀请员工、员工家属以及部分客户代表参加。年会有抽奖环节，所有参会人员都有机会中奖，共有 20 个中奖名额，奖品为价值 3 000 元（含增值税）的手机一部。企业购置这些手机（奖品）的会计分录为：

借：低值易耗品　　　　　　　　　　　　　　　60 000

　　贷：银行存款　　　　　　　　　　　　　　60 000

## （1）员工家属或客户代表中奖

如果是员工家属或客户代表中奖，奖品在会计处理上需要记作"业务招待费"。中奖人需要按偶然所得计征个人所得税，税率为 20%，由企业代扣代缴。

但有个细节需要注意，企业不可能向中奖人另行收取需代扣代缴的个人所得税，这笔个人所得税往往都会由企业承担。对于这笔个人所得税，会计上有以下两种处理方法。

- 企业代交法

例如，某位员工家属中奖了，个人所得税本应由这位家属自行承担，但企业主动承担了这笔个人所得税。会计分录为：

借：管理费用——业务招待费　　　　　　　　3 000

　　贷：低值易耗品　　　　　　　　　　　　　　3 000

借：营业外支出——代交个人所得税　　　　　600

　　贷：银行存款　　　　　　　　　　　　　　　600

需要说明一点，企业代交的个人所得税计入营业外支出后不得在企业所得税税前扣除。

• 还原法

依旧还是这位员工家属中奖，个人所得税由家属承担，手机价值算作税后金额。会计在具体操作时要把奖品金额还原为税前金额，如中奖手机价值 3 000 元，还原后的中奖金额为 3 750〔3 000÷（1-20%）〕元，需扣缴个人所得税 750（3 750×20%）元。会计分录为：

借：管理费用——业务招待费　　　　　　　　3 750

　　贷：低值易耗品　　　　　　　　　　　　　　3 000

　　　　其他应付款——代扣个人所得税　　　　　750

借：其他应付款——代扣个人所得税　　　　　750

　　贷：银行存款　　　　　　　　　　　　　　　750

## （2）员工中奖

如果是员工中奖，中奖金额应按工资薪金所得交个人所得税，具体操作是将奖品金额并入当月工资一并计征个人所得税。

会计分录为：

> 借：管理费用——职工福利费　　　　　　　　　3 000
>> 贷：应付职工薪酬——应付福利费　　　　　　3 000
> 借：应付职工薪酬——应付福利费　　　　　　3 000
>> 贷：低值易耗品　　　　　　　　　　　　　3 000

如果企业决定为员工承担奖品个人所得税，对个人所得税的处理可类同上述企业代交法。

## 35. 职工教育经费核算常见的两大误区

职工教育经费是指职工上岗和转岗培训、各类岗位适应性培训、岗位培训、职业技术等级培训、高技能人才培训、专业技术人员继续教育、特种作业人员培训、企业组织的职工外送培训的经费支出，职工参加的职业技能鉴定、职业资格认证等经费支出，购置教学设备与设施、职工岗位自学成才奖励费用、职工教育培训管理费用支出，以及有关职工教育的其他开支。

从 2018 年 1 月 1 日开始，一般企业的职工教育经费税前扣除限额与高新技术企业的限额统一，从 2.5% 提高至 8%。企业发生的职工教育经费支出，不超过当年职工工资薪金总额 8% 的部分，准予在企业所得税税前扣除；超过的部分，准予结转至以后纳税年度扣除。但要注意，仅仅计提而未实际发生的职工教育经费，不得在企业所得税税前扣除。

对于职工教育经费，在会计核算上有<u>两大常见的误区</u>。

<u>误区一</u>：只有培训费发票才能计入职工教育经费。

员工参加了外部培训，回来报销时，很多会计人员认为只有培训费发票才属于职工教育经费的报销范围。须知，员工参加培训发生的往返交通费、住宿费、餐饮费等也可以计入职工教育经费。

<u>误区二</u>：员工在职学历教育的学费作为职工教育经费报销。

职工教育经费主要是为提升员工的工作技能而发生，"功利性"强；学历教育立足长远，旨在提升员工的软实力。员工在职续本、读研、读博、读MBA、读EMBA的学费属于学历教育支出，不能作为职工教育经费报销。已报销的，需将报销金额并入员工工资计征个人所得税。另外，学历教育的学费不属于企业正常的生产经营开支，因此报销后不得在企业所得税税前扣除。

企业不妨转换思维，例如，制订员工自学成才奖励计划，将学费作为员工岗位自学成才奖励，这样处理的话，奖金可记作"应付职工薪酬"。以"奖励"代替"报销"后，奖金虽然也需要并入工资计征个人所得税，但奖金可以在企业所得税税前扣除。

## 36. 工会经费的会计处理

企业工会经费的开支范围包括哪几个方面？怎么计提？怎么使用？怎么核算？能把这几个问

在线收看

题全说清楚的会计人员并不多。本节就给大家说清楚工会经费那些事儿。

### （1）工会经费的开支范围

工会经费主要用于职工的教育和工会活动，其开支范围包括以下几方面。

① 宣传活动支出，包括工会组织日常的学习、劳动竞赛，举办各种报告会、展览会、讲座和其他技术交流会的宣传费用，以及各种宣传工具的购置维修费和集体订阅的报刊支出等。

② 文艺活动支出，包括工会开展业余文艺活动所需的设备购置费和维修费，举办联欢会、艺术展览等文艺活动的经费。

③ 体育活动支出，包括工会举办的各种体育活动的设备购置费和维修费、活动经费、运动用品和服装费。

④ 补助支出，包括工会会员的困难补助和职工集体福利事业的补助费用。

⑤ 工会干部训练费，是指培训工会专职人员的费用。

⑥ 工会行政费有关支出，包括工会专职人员的人员经费、办公费、差旅费等费用。

⑦ 工会专职人员的工资。工会专职人员的工资由工会经费开支，其他各种待遇与本企业其他职工相同，由企业负担。

如企业成立了工会组织，工会应设置单独的账套做账，资金收付应通过工会专门账户运作，工会经费的收支可遵照《工会会计制度》做账。工会经费实际开支时，应在工会账套中单独记账，不能记作企业的费用。

### （2）工会经费的计提

依照《中华人民共和国工会法》的相关规定，工会经费的主要来源是工会会员缴纳的会费和企业按每月全部职工工资总额的2% 向工会拨缴的经费。

① 工会会员每月缴纳会费的标准为会员月基本工资的5‰，会费不上交上级工会。

② 企业按工资总额计提的 2% 是工会经费的大头，这部分工会经费会计做账时应计入管理费用。

会计人员计提工会经费时有必要厘清"全部职工"和"工资总额"两个概念。全部职工包括在企业领薪的正式职工和临时职工，但不包括退休返聘人员、兼职学生。工资总额包括发放的各种工资、奖金、津贴。

### （3）工会经费的上缴与划拨

企业计提的工会经费并非全由企业自主使用。企业成立了工会组织的，按工会经费的 40% 上缴上级工会组织；企业未成立工会组织的，计提的工会经费全额上缴上级工会组织，再由上级工会组织返还使用，一般返还比例为 60%。部分地区规定，企业不论是否成立了工会组织，工费经费一律都由税务先代征，然后再由上级工会组织返还。也有部分地区口子比较松，如企业未成立工会组织，可以不计提工会经费（此项规定各地不一，企业要咨询清楚）。

企业按月（季）缴纳工会经费。企业在计算工资时应同步计提工会经费，准予税前扣除的工会经费必须是企业已经实际"拨缴"的部分，对于账面已经计提但未实际"拨缴"的工会经费，不得在纳税年度内税前扣除。

工会经费上缴之后，企业能否申请使用呢？

已成立工会组织的，上缴的那 40% 就不再划拨给企业了，全额上缴的情形除外。这就是说企业计提的工会经费上级工会要拿走 40%，由上级工会统筹运用。

企业未成立工会组织的，在企业员工人数达到一定规模后，应在规定时间内成立工会组织，上级工会按规定比例（一般为 60%）将工会经费返还给企业工会；在规定时间内未成立工会组织的，以前缴纳的工会经费将不再返还。

### （4）计提工会经费的会计处理

例如，企业当月工资总额 10 万元，计提工会经费 2 000 元，其中40%上缴上级工会，其他60%划拨企业工会，会计分录如下。

① 企业成立了工会组织：

借：管理费用——工会经费　　　　　　　　　　　　2 000

　　贷：应付职工薪酬——工会经费　　　　　　　　　2 000

借：应付职工薪酬——工会经费　　　　　　　　　　2 000

　　贷：其他应付款——单位工会　　　　　　　　　　1200

　　　　　　　　——上级工会　　　　　　　　　　　800

借：其他应付款——单位工会　　　　　　　　　　　1 200

　　　　　　　——上级工会　　　　　　　　　　　　800

　　贷：银行存款　　　　　　　　　　　　　　　　　2 000

需要注意的是，若企业成立了工会组织，工会需要单独建立会计账套记账。相关账务处理可参考财政部于2021年4月14日下发的《关于印发〈工会会计制度〉的通知》（财会〔2021〕7号）。

② 企业未成立工会组织：

借：管理费用——工会经费　　　　　　　　　　　　2 000

　　贷：应付职工薪酬——工会经费　　　　　　　　　2 000

借：应付职工薪酬——工会经费　　　　　　　　　　2 000

　　贷：其他应付款——上级工会　　　　　　　　　　2 000

借：其他应付款——上级工会　　　　　　　　　　　2 000

　　贷：银行存款　　　　　　　　　　　　　　　　　2 000

## 37. 员工离职补偿金如何做账

首先要明确，离职补偿金是应付职工薪酬的一部分，应该通过"应付职工薪酬"科目进行中转。但离职补偿金和正常的职工薪酬是有差别的，毕竟离职员工不能再为企业服务了，因此它不能根据员工的任职部门确定该归属于哪个费用科目，离职补偿金都在"管理费用"科目核算。

提取员工离职补偿金的会计分录如下：

借：管理费用——离职补偿金

　　贷：应付职工薪酬——离职补偿金

实际发放时，会计分录如下：

借：应付职工薪酬——离职补偿金

　　贷：银行存款

注意了，企业依据劳动法支付给员工的离职补偿金无须代扣代缴个人所得税，如企业向员工支付的离职补偿金超过了劳动法规定的标准，超过标准的部分企业需要代扣代缴个人所得税。具体依据为，离职员工取得的离职补偿金＝月工资标准 × 任职年数，离职员工的月工资标准未超过当地上年职工月平均工资 3 倍数额的，离职补偿金免征个人所得税；离职员工月工资标准超过当地上年职工月平均工资 3 倍数额的，超过部分乘以任职年数算出的金额须缴纳个人所得税，这部分金额不并入离职员工当年综合所得，它单独适用综合所得税率计算个人所得税。

借：应付职工薪酬——离职补偿金

　　贷：银行存款

　　　　其他应付款——代扣个人所得税

借：其他应付款——代扣个人所得税

　　贷：银行存款

有一点需要说明，离职补偿金虽然属于"应付职工薪酬"科目的核算范围，但它不属于企业所得税规定的"工资薪金"范畴，所以离职补偿金不作为计提三项经费（福利费、工会经费、职工教育经费）的基数。另外，离职补偿金也不作为计提残保金的基数。

# 第六章
## 劳务费的报销规范

　　劳务费与薪酬有极大的相似性，它们都属于企业支付给劳动者的劳动报酬。但二者又有显著区别，薪酬是企业支付给自己员工的劳动报酬，劳务费则是企业支付给未与企业建立劳动关系的外部人员的劳动报酬。劳务费与薪酬的个人所得税计算方式是不一样的，好在现在已实现了个人所得税综合所得汇算清缴，劳务费与薪酬计征个人所得税的差别已被淡化。劳务费报销还有一个绕不开的话题，就是大额劳务费报销时需提供劳务费发票，劳务提供人应及时到税务部门或通过电子税务局代开劳务费发票。

## 38. 劳务费与工资的区别

　　《中华人民共和国个人所得税法》（以下简称《个人所得税法》）第七次修正后，劳务费和工资、薪金，稿酬，特许权使用费并在一起作为综合所得，以年为单位汇算计征个人所得税。劳务费和工资相比，要琐碎得多，费解得多。二者真能分得那么清楚吗？企业聘用在校研究生上班支付的劳动报酬属于劳务费还是工资？聘用退休人员呢？聘用清洁工呢？

　　在大多数人的心里，可能认为劳务费属于零星劳动所得。"零星劳动"该如何界定呢？以工作时间来界定，还是以报酬金额大小来界定，抑或以是否签订劳动合同来界定，估计都很难说准确。

　　若以工作时间来界定，企业聘用大学教授做咨询顾问，可能数年内都要按月支付报酬；若以报酬金额大小来界定，工资金额可能很小，劳务报酬金额可能很大；若以是否签订劳动合同来界定，也不尽合理，有些灵活就业人员可能同时和多家企业签订劳动合同。

单次劳务费的个人所得税起征点（800元）相比月度工资的个人所得税免征额（5 000元）要低得多。有些企业为了少给劳务费交个人所得税，会把劳务费混同为工资处理。需要说明的是，这种做法是不合规的，即存在税务风险，也存在社保风险。

劳务费与工资的差别可以分三层界定。

第一层，确定原则。纳税人有多处劳动所得的，最多只能将其中一处所得视为工资。

第二层，分清主次。如果员工已有单位发放工资并缴纳社保，这一单位可认定为"主"；在其他单位还有兼职的，兼职的单位认定为"次"。"主"支付的劳动报酬为工资，"次"支付的劳动报酬为劳务费。

第三层，关注实质。兼职取得劳动报酬，有一种特殊情形可作变通处理。如果一个员工在集团内或者系统内兼职，可以把两处或两处以上的劳动报酬合并在一起做工资处理。

## 39. 个人劳务费入账，都需要提供发票吗

### （1）是否开具劳务费增值税发票与劳务费金额大小相关吗

企业的劳务费支出，是否要向个人索取发票？没有发票，劳务费能否在企业所得税税前扣除？很多会计人员都对这两个问题

感到困惑。在我原来的印象中，企业给个人支付劳务费是不用凭发票入账的。可近期有读者告诉我，当地的税务机关对大额个人劳务费提出了新要求，必须凭票报销，没有发票的，即便企业代扣代缴了个人所得税，个人劳务费也不能在企业所得税税前扣除。

如果劳务费金额较大，企业需要凭票入账的，个人应向税务机关申请代开劳务费发票。问题在于，个人开票意愿并不强。如果劳务费金额较大，为促成合作，个人或许有此动力。如果劳务费金额较小，个人又怎会愿意耗时耗力跑税务申请代开发票呢？

### （2）小额零星的劳务费需要开具增值税发票吗

劳务费没有发票固然不妥，可是一刀切地要求劳务费提供发票，有时又会碰到现实困难。税务对此给企业开了方便之门：个人小额零星劳务费以税务代开的发票或者收款凭证及内部凭证作为税前扣除依据。

"小额零星"的判断标准是不超过增值税规定的起征点，通常按次不超过 500 元，按月不超过 3 万元，具体以各地最新政策为准，建议会计人员咨询当地税务机关确认。超过这一标准，企业应到税务机关代开发票，凭代开的发票入账后，才能将这笔劳务费在企业所得税税前扣除。

可见小额劳务费并非一定要取得发票，劳务费凭借收款凭证及内部凭证也可在企业所得税税前扣除。注意了，内部凭证应载明劳务提供人的姓名、身份证号、支出项目、收款金额等信息。之所以需要载明这些信息，一是为了备查，二是为了申报个人所得税。

还有一点需要注意，小额零星劳务费，即便没有超过单月劳务费的个人所得税起征点（800元），企业也应为其申报个人所得税。

### （3）如何代开劳务费发票

个人到税务代开劳务费，先要提交申请，并提供一系列证明材料，各地税务要求不一，这里就不一一道明了。目前，各地税务已经开通手机 App 或公众号，App 和公众号上即可代开个人劳务费发票。技术手段的进步或许可以部分解决个人劳务费代开手续繁杂的问题。

### （4）企业代个人办理劳务费开票次数有限制吗

实务中，企业可以代个人办理劳务费开票吗？代办并非不可以，但执行过程中可能存在问题。例如，有些地市税务局规定，如果由企业代办，给个人开劳务费发票，一年只能开两到三次。若某人常年为企业提供劳务服务，按月领酬，开票该怎么办？如果企业让税务机关一次性开足几个月的金额，可能涉及几个月的劳务费合并扣个人所得税的问题，这会加重个人当月的税负。

这种情形下，我建议企业每月给个人发放劳务费不变，分月预提各项税费，逐月代扣代缴个人所得税。然后，累计几个月到税务机关代开一次发票，同时把前期预提的各项税费一次性补足。

## 40. 个人申请代开劳务费发票涉及哪些税

下面以案例说明个人申请代开劳务费发票涉及的税。

【例 6-1】甲某给 A 公司提供个人劳务，每月约定劳务费6 000 元。甲某需向 A 公司提供劳务费发票。甲某到当地税务机关申请代开劳务费发票，这种情形下，涉及增值税、附加税、个人所得税。

（1）增值税：甲某视同小规模纳税人，增值税按照劳务费总金额的 3% 缴纳。

应交增值税 =6 000 ÷（1+3%）× 3% =174.76（元）

（2）附加税（城市维护建设税税率为 7%、教育费附加缴纳比率为 3%、地方教育费附加缴纳比率为 2%）：根据实缴的增值税计算缴纳。

附加税 =174.76 × 12%=20.97（元）

（3）个人所得税：现在税务已经明确了，个人去税务机关代开劳务费发票，税务机关不再征收个人所得税，个人所得税由支付款项的扣缴义务人代扣代缴。

个人在税务机关代开发票时，只需缴纳增值税与相应附加税，符合条件的，增值税与附加税可以减免。这个案例中，等甲某拿到发票到公司报销劳务费时，公司应代扣代缴个人所得税。

$$代扣代缴个人所得税 =（6\,000-174.76-20.97）\times（1-20\%）\times 20\%$$
$$= 928.68（元）$$

计算下来，6 000 元的劳务费个人实际能拿到手 4 875.59（6 000-174.76-20.97-928.68）元。特别说明，本年结束后，劳务费须作为个人综合所得汇算清缴个人所得税。

## 41. 企业如何代扣代缴劳务费个人所得税

有些人可能会说："个人劳务费处理不就是要代扣代缴个人所得税吗，有何难哉？"下面先说说规范的做法，会计做账时应根据劳务性质将劳务费确认为管理费用、销售费用、研发费用、制造费用、生产成本等，应付个人的劳务费发放时，企业应先扣除个人所得税，然后将扣除个人所得税后的部分发放给个人。规则是明确的，可实际操作起来较为复杂。

很多时候，企业劳务用工没有严格的合同约定，这时用工企业和务工者双方对劳务费的理解就会产生偏差。特别是一些业务部门的领导在洽谈劳务项目时，可能没有意识到企业还需为务工者代扣代缴个人所得税，直接就向对方承诺报酬数额。等到支付劳务报酬时，自然会引起争执。

用工企业需代扣代缴或预扣预缴劳务费个人所得税，这点我相信大家都明白。现实中令人烦恼的情形是，劳务报酬约定的是税后报酬。这意味着，向个人支付劳务报酬时需要先把税后金额还原为税前金额，再做个人所得税扣缴。

经此一绕弯，很多企业负责人难免会认为这加重了企业的税负，不愿吃这个"亏"，这时会计人员就该犯难了。劳务费如果不交个人所得税，直接做费用处理，企业会有税务风险；如果不做费用处理，就只能在"其他应收款"科目挂账，这会导致企业资产不实，形成潜亏。

解决这个问题的思路有两个：

思路一，把承诺的劳务费标准提高，财务正常代扣代缴个人所得税，扣完税后让个人能拿到手的金额正好和原来约定的一样多；

思路二，由企业替个人缴纳个人所得税。

【例6-2】A公司某项目经理承诺给某临时工劳务费6 000元，经财务部提醒，该项目经理才知晓劳务费需要由企业代扣代缴个人所得税。为了避免争议，A公司财务部在报经领导审批同意后，答应让该临时工税后拿到手的劳务费为6 000元（不考虑增值税与附加税因素）。

如 A 公司财务部依照上述思路一处理，代扣代缴个人所得税的计算与会计分录如下。

代扣代缴个人所得税 =7 142.86×（1-20%）×20%

=1 142.86（元）

借：开发成本        7 142.86

 贷：银行存款       6 000.00

  其他应付款——代扣代缴个人所得税   1 142.86

如 A 公司财务部依照上述思路二处理，A 公司替个人缴纳的个人所得税应记入"营业外支出"科目，且不得在企业所得税税前扣除。

营业外支出 =6 000×（1-20%）×20%=960（元）

借：开发成本         6 000

 贷：银行存款        6 000

借：营业外支出        960

 贷：其他应付款——代扣代缴个人所得税    960

## 42. 返聘退休人员，个人所得税怎么交

返聘退休人员，企业可节省部分用工成本，降低"五险一金"负担。企业返聘一位退休人员，如履职 5～10 年，这期间企业无须为之缴纳"五险一金"。在社保缴费规范化后，更有可

能促使部分企业多返聘退休人员。另外，企业与退休返聘人员建立的劳务关系不存在经济补偿的规定，用工较为灵活。

　　企业返聘退休人员，发放的工资怎么缴纳个人所得税呢？企业是该按劳务费代扣代缴个人所得税，还是按工资、薪金所得代扣代缴个人所得税呢？这两种代扣代缴个人所得税方式算出的税额是不同的。如果企业与退休返聘人员约定的是税前工资，代扣代缴个人所得税的方式选错了，对返聘人员不利；如果企业与退休返聘人员约定的是税后工资，代扣代缴个人所得税的方式选错了，对企业不利。

　　根据现行法律规定，企业与退休返聘人员签订的合同属于劳务合同，但并非退休返聘人员获得工资就一定要按劳务费计征个人所得税。下面分两种情况来说明。

### （1）劳务性质的返聘

　　如果企业只是临时性返聘退休人员，时间在六个月以内的，或只是返聘退休人员从事顾问性质的工作，无须全天候上班的，企业支付给退休返聘人员的工资应视作劳务费代扣代缴个人所得税。

### （2）员工性质的返聘

　　如果退休返聘人员比照正式员工管理，返聘时限较长（六个月以上），企业支付给退休返聘人员的工资，在减除按《个人所得税法》规定的费用扣除标准后，按"工资、薪金所得"应税项目代扣代缴个人所得税。

# 第七章
## 研发费用报销那些事

　　研发费用的报销相对比较特殊，特殊之处在于研发费用是一个能让企业间接获益的费用。研发费用能在企业所得税税前加计扣除，这等于变相为企业节省了税负。正因为如此，税务机关对企业研发行为的认定较为严格，对研发费用规范报销的要求也较多。会计人员应加强学习，只有把这些要求搞清楚了，并严格按照规定对研发费用进行账务处理，企业才有可能顺利享受到研发费用加计扣除的税收优惠。

## 43. 研发费用加计扣除

### （1）对研发行为的正确理解

研发活动是指企业为获得科学与技术新知识，创造性运用科学技术新知识，或实质性改进技术、产品（服务）、工艺而持续进行的具有明确目标的系统性活动。

企业有些活动虽然也与研发相关，但并非与研发直接、密切相关，它们不能被界定为税务认可的研发行为，为之发生的费用不适用研发费用在企业所得税税前加计扣除。这些活动包括：

① 企业产品（服务）的常规性升级；

② 对某项科研成果的直接应用，如直接采用公开的新工艺、材料、装置、产品、服务或知识等；

③ 企业研发成果实现商品化后为顾客提供的技术支持活动；

④ 对现存产品、服务、技术、材料或工艺流程进行的重复或简单改变；

⑤ 市场调查研究、效率调查或管理研究；

⑥ 作为工业（服务）流程环节或常规的质量控制、测试分析、维修维护；

⑦ 社会科学、艺术或人文学方面的研究。

此外，一些特殊行业的企业研发支出也不能在企业所得税税前加计扣除。这些行业包括：

① 烟草制造业；

② 住宿和餐饮业；

③ 批发和零售业；

④ 房地产业；

⑤ 租赁和商务服务业；

⑥ 娱乐业；

⑦ 财政部和国家税务总局规定的其他行业。

### （2）研发费用加计扣除的标准

企业为获得创新性、创意性、突破性的产品进行创意设计活动而发生的相关费用，可进行企业所得税税前加计扣除。研发费用能在企业所得税税前加计扣除，这无疑是税务机关对企业研发行为的鼓励与支持。加计扣除的具体依据有两条：

①企业开展研发活动中实际发生的研发费用，未形成无形资产计入当期损益的，在按规定据实扣除的基础上，自 2023 年 1

月1日起，再按照实际发生额的100%在税前加计扣除；

②形成无形资产的，自2023年1月1日起，按照无形资产成本的200%在税前摊销。除法律另有规定外，摊销年限不低于10年。

企业委托外部机构进行研发发生的研发费用，按以下原则在企业所得税税前加计扣除。

① 企业委托非境外外部机构或个人进行研发活动所发生的费用，按照费用实际发生额的80%计入委托方研发费用并计算加计扣除，受托方不得再进行加计扣除。委托方与受托方存在关联关系的，受托方应向委托方提供研发项目费用支出明细。

② 企业委托境外进行研发活动所发生的费用，按照费用实际发生额的80%计入委托方的委托境外研发费用。委托境外研发费用不超过境内符合条件的研发费用三分之二的部分，可以按规定在企业所得税税前加计扣除。

### （3）允许加计扣除的研发费用类型

- 人员人工费用，包括直接从事研发活动人员（研究人员、技术人员、辅助人员）的工资薪金、社保费和住房公积金，以及外聘研发人员（签订劳务用工协议和临时聘用的研究人员、技术人员、辅助人员）的劳务费用。
- 直接投入费用，具体包括：①研发活动直接消耗的材料、燃料和动力费用；②用于中间试验和产品试制的模具、工艺装备开发及制造费，不构成固定资产的样品、样机及一般测试手段购置费，试制产品的检验费；③用于研发活动的仪器、设备的运行维护、调整、检验、维修等费用，以及通过经营租赁方式租入的用于研发活动的仪器、设备租赁费。

- 折旧费用，用于研发活动的仪器、设备的折旧费。
- 无形资产摊销，用于研发活动的软件、专利权、非专利技术（包括许可证、专有技术、设计和计算方法等）的摊销费用。
- 新产品设计费、新工艺规程制定费、新药研制的临床试验费、勘探开发技术的现场试验费。
- 其他相关费用，以及财政部和国家税务总局规定的其他费用。名目包括技术图书资料费，资料翻译费，专家咨询费，高新科技研发保险费，研发成果的检索、分析、评议、论证、鉴定、评审、评估、验收费用，知识产权的申请费、注册费、代理费，差旅费，会议费等。其他费用总额不得超过可加计扣除研发费用总额的 10%。

## 44. 研发费用的会计核算规范

如今，资产负债表新增了一个资产类科目"开发支出"，利润表新增了一个费用类科目"研发费用"。有了这两个科目，所有的研发支出在财务报表中都有了落脚处。

### （1）研发费用的加计扣除条件

研发这个词是"研究"和"开发"两个词的组合。会计核算时要先把"研发"分割为"研究"和"开发"两个阶段，研究阶段的支出在当期费用化，记录在"研发费用"科目；开发阶段的支出予以资本化，记录在"开发支出"科目。研发费用进利润表，开发支出进资产负债表。等到研发成果（专利、专有技术）形成时，再把记录在开发支出里的研发支出转入无形资产。

以往，研发费用在"管理费用"科目中核算，可研发费用并非管理费用，这样核算既扭曲了管理费用，也掩盖了研发费用的实质，对于从事研发的企业展示形象极为不利。试想，同行业的两家企业，一家有研发活动投入，一家不做研发，管理费用一样多，哪家企业更有价值呢？明显是前者。

把研发费用从管理费用中分离出来，与管理费用、销售费用、财务费用并列展示，无异于利润表在"拨乱反正"，在为从事研发的企业正名：研发费用高的企业是有长远发展规划的企业，重视研发的企业应得到更多的尊重与认可。利润表的这个改变，也有助于帮助我们识别搞研发、有潜力的企业。

研发费用能在企业所得税税前加计扣除，这无疑是个人所得税务大礼包。符合条件的企业能否拿到这个人所得税务大礼包，还需要会计核算为此出力。研发费用要实现加计扣除，须做到两点：

第一，费用是为企业研发行为而发生的；

第二，对费用的会计记录符合税务的要求，能得到税务机关的认可。

### （2）研发费用的会计账务设置

在会计账务设置上，"研发费用"科目需要按项目设置辅助账，做到准确归集核算当年可加计扣除的各项研发费用的实际发生额。一个纳税年度内进行多项研发活动的，应按项目分别归集可加计扣除的研发费用。

对于企业确定的研发项目，需留存备查资料，备查资料包括以下几项：

① 自主、委托、合作研究开发项目计划书和项目立项决议文件；

② 自主、委托、合作研究开发专门机构、项目组的编制情况和研发人员名单；

③ 经国家有关部门登记的委托、合作研究开发项目的合同；

④ 从事研发活动的人员和用于研发活动的仪器、设备、无形资产的费用分配说明；

⑤ 集中开发项目研发费决算表、集中研发项目费用分摊明细

情况表和实际分摊比例说明等资料；

　　⑥ 研发项目辅助明细账和研发项目汇总表；

　　⑦ 省税务机关规定的其他资料。

## 45. 警惕研发支出资本化这个"雷"

　　研发费用的会计核算一直有一个争议点，那就是研发支出资本化。

### （1）研发支出资本化是个伪命题

第一，难以清晰地界定研究阶段与开发阶段的边界。

　　研发支出到底是费用化还是资本化，取决于研发处于何种阶段。研发支出资本化最大的问题是，我们难以清晰地界定研究阶段与开发阶段的边界。这两个阶段不易找到清晰的分界线，研究阶段与开发阶段的切分有较大的随意性。

　　第二，开发阶段的支出占比很低。

　　研发是具备极高不确定性的创造性工作。研发不到最后一刻，谁能预知成败呢？行百里者半九十，研发过程也同此理。这决定了开发阶段在整个研发阶段中所占的比重非常小，甚至可忽略。如果严格比照会计准则，可资本化的研发费用并不多。研发支出资本化，如同一道窄门，能过去，但过去的不多。基于这点认识，搞研发支出资本化，等于加大了会计账务处理的成本。

第三，研发成果未必符合资产定义。

即便研发取得了成果，如形成了专利、专有技术，也不能就此把开发阶段的支出资本化，因为开发阶段的支出距离满足资产的基本要求——能给企业带来经济利益的流入——还有很长的路要走。研发成果领先，不见得能形成产品生产；能生产出产品，不见得就能在市场上卖掉；能在市场上卖掉，不见得一定能赚钱。如果研发成果不能最终体现为产品上的竞争力，这个研发成果是没有办法给企业带来经济利益流入的。基于谨慎性原则，即便是开发阶段的研发支出，其实也不宜资本化。

第四，研发支出费用化对企业节税有利。

研发支出费用化，对企业降低当期税负是有利的。研发支出资本化等于把企业当期能享受的费用加计扣除延后了，单从企业降税负的角度看，这是不划算的。不划算的事，有的企业还争着、抢着去做，其用心不言自明。

研发支出资本化既不符合企业的利益，也不符合研发管理的规律，还不符合会计核算遵循的谨慎性原则。因此，从维护会计谨慎性原则的角度讲，从有利于企业降低税负的角度讲，从有利于规避企业粉饰会计报表的角度讲，从有利于降低会计核算成本的角度讲，研发费用都不应资本化，而应该一体于当期作费用处理。

## （2）为什么有的企业热衷于研发支出资本化

崇尚现金流至上的企业是不愿意将研发支出资本化的。反过来也可以这样理解，企业如果刻意追求当下利润最大化，则会热衷"设计"在开发阶段大搞研发支出资本化。愿意这样做的企业往往有着功利性的诉求，如应付考核或取悦资本市场。

给研发支出资本化开口子，极易给别有用心的企业留出操纵会计报表的空间。把该记到利润表的研发费用记到了资产负债表里，这种"表面光"不仅虚增了企业的利润，也虚增了企业的资产，它粉饰了企业当下的业绩，也会拖累企业长远的业绩。

华为公司年报中关于研发费用的核算，有这样一段描述，"研究与开发支出包括所有可以直接归属于研发活动，以及可以合理分摊至研发活动的成本，根据本集团研究开发活动的性质，这些支出通常只有在项目开发阶段后期才满足资本化条件，此时剩余开发成本并不重大。因此，研究与开发支出通常于发生时确认为费用。"看了这段描述后，我觉得这样的会计核算理念是稳健的、理性的。

并非所有企业的经营者都如华为公司的经营者这般务实，他们更关注眼前利益，就想把当下的会计报表做得好看点，特别是要把利润表做得好看点。研发支出资本化无疑给他们提供了很好的借口。通过模糊研究阶段与开发阶段的界限，把研发费用计入开发支出，这样一来，等于在企业资产中埋了颗"雷"。

　　研发支出资本化是个做账规则，这样做出的资产并不能给企业带来经济利益的流入，强行把研发支出记录在资产中，只会增加企业的潜亏，是企业自己给自己埋"雷"。相关人员在做财务分析时，以及在评判企业价值时，不可不注意这颗"雷"。

# 第八章

## 费用报销时的廉洁纪律

　　企业费用报销中的乱象并不鲜见，事实上，费用报销一直是某些企业滋生贪腐的重灾区。企业要确保廉洁报销，需要有一定的廉洁纪律配套，最好辅之以费用预算控制。在企业费用报销中最容易出问题的往往是关键少数。这部分人有较大的费用支配权，他们在费用报销时所受到的审批监管较少，因而他们出现不当费用报销的概率也相对较高。对此，企业应加强监管，预防和杜绝企业关键少数享受型费用报销与私费公报现象发生。

## 46. 费用报销的预算控制

### （1）费用预算与业务的关联性

我们在编制费用预算时，先要区分费用科目的性态，看费用科目与企业业务的关联度。直白点说，就是看费用是否随企业销售规模的变化而变化。如果费用科目与企业的业务关联度高，该费用科目应该做成弹性预算；如果费用科目与企业业务的关联度低，该费用科目宜做成固定预算。弹性预算控制比例，固定预算控制总额。

### （2）费用预算的结果控制与过程控制

企业对费用预算的控制既要坚持结果控制，又要坚持过程控制。结果控制相对简单，对预算刚性约束即可。结果控制操作简单，弊端在于事后控制。过程控制可以克服此弊端。例如，企业年度费用预算 1 200 万元，可以是每月花费 100 万元，也可以是 12 月单月花费 1 200 万元。对企业而言，前者自然更有意义。企业加强费用预算的过程控制能起到调整方向的作用。

### （3）削减费用预算的逻辑

费用预算确立之后，企业因出现经营计划调整、市场变化或企业资金短缺等情况，可能面临削减预算的问题。费用预算的削减可遵照以下优先顺序：

第一，削减不再继续执行的预算，如广告投放费用；

第二，削减不能带来经济利益的预算，如办公室装修费用；

第三，削减低效产出的预算，如产能；

第四，削减日常费用预算；

第五，削减人工成本预算。

### （4）削减费用预算的依据

如何削减费用预算，这是会计人员不得不面对的问题。在削减费用预算时，会计人员要先判断每笔花销是否值得，有无增量产出。这点说来容易，可多数时候无法确定。碰到这种情况，会计人员先别慌，不要被"要钱的人"的气势吓倒。不妨反过来看，考虑一下不支出这笔费用，是否会造成企业效益减少。只要答案是否定的，会计人员削减费用预算就有底气了。

### （5）费用预算为何变成突击花钱

为什么费用预算在年底会变成突击花钱？大企业对预算一般都有刚性约束，对费用的审批往往前置在预算环节，预算内的费用在报销时只做形式审批。这给了一些部门和个人可乘之机，觉得富余的预算不花白不花。这种行为有私心作怪，也有"苦衷"难言。费用预算要比照上年数额，今年的预算花不完，明年的费用预算就可能要削减。

### （6）如何处理未花完的费用预算

未花完的费用预算该如何处理呢？片面追求预算执行率，年末突击花钱是必然的，这是预算管理失准、失效、失控的综合体现。当突击花钱成为常态，预算势必逐年膨胀，浪费、低效会成为必然。不花白不花、花了也白花，不能成为看待预算结余的心态。把未花完的预算一部分用于激励，其余形成结余，不啻为可行的办法。

①将没用完的日常性费用预算用于激励，如市内交通费、业务招待费等，可将剩余预算的50%奖励给厉行节约的部门和个人。

②将项目性费用预算递延至下一年度，由原预算单位继续使用，如部门活动费、员工培训费等。

## 47. 私费公报的税务风险与法律风险

私费公报，说白了就是个人消费让企业买单。私费通过正常审批后，有些企业会计会将之视同企业的正常费用，做账时记入"销售费用""管理费用"等科目。

对于私费公报，很多企业会将重点放在防止员工舞弊上。员工私费公报事后一旦被发现，轻则退回报销金额、罚款，重则被处分，甚至被辞退。但事实上，很多企业私费公报的大头来自于企业经营者（大股东）或高管人员的报销。在一些内控执行不严格的企业，企业经营者（大股东）与高管人员报销费用时，因监督不足或无人监督，私费公报现象较为普遍。高管人员私费公报，这是私心作怪，钻企业的空子。企业经营者私费公报，大都基于两个原因：

第一，不少经营者潜意识里认为企业就是个人的钱袋子，觉得自己的一切开销都需要企业负责；

第二，有意识地从企业套现，逃避企业所得税与个人所得税。

这里要明确一点，私费因与企业经营管理无关，所以不能将之作为管理费用、销售费用入账。私费公报对企业而言当属多计成本费用，此做法存在较大的税务风险。根据已披露的税务稽查案例来看，税务稽查发现私费公报问题后，往往需要企业补交两道税：

第一，企业经营者的私费不得在企业所得税税前扣除，应做纳税调整，需补交企业所得税；

第二，私费的报销额视同股东分红，应按20%的税率补交个人所得税。

如果私费公报金额过大，或者以虚开发票形式报销，可能会被税务机关认定为蓄意逃税，责任人可能被追究刑事责任。

事情还没有完，私费公报除了税务上的风险，还可能存在个人经济责任上的风险。企业经营者（大股东）若私费公报数额较大，当企业存在第三方股东时，第三方股东是有权追责的，一旦私费公报行为被证实，企业经营者（大股东）很可能会被认定涉嫌职务侵占。

切记，私费公报的风险不仅存在于企业层面，也表现在个人身上。如实报销是个人洁身自好、清正廉洁的表现，这不仅是企业账务与税务规范的需要，也是个人的一种自我保护。

## 48. 如何管好企业高管的费用报销

### （1）如何监控企业高管的费用报销

在一些企业，高管报销费用占企业整体费用报销的大头，甚至可以占到员工费用报销总额的90%以上。可见，企业把高管的费用报销管好了，员工费用报销也就管好了。

如何管好高管费用报销呢？本书前面章节讲过费用报销审批流程的设定，但在一些企业，其审批流程本身就存在问题。例如，一位副总要报销费用，财务总监好意思不批吗？会对他要报销的每笔费用都认真审核吗？对有些人来说，可能很难做到。接下来，总经理审批时也可能同样抹不开面子。只要费用不太出格，财务总监和总经理大概率都会审批同意。同理，财务总监、总经理报销费用，也类此状。

如此一来，高管报销费用很大程度上等于失去了监控。现实中企业高管不当消费、私费公报的现象并不鲜见。

如何才能有效监控高管的费用报销呢？下面给大家分享一个案例。

深圳某公司总经理感觉公司高管报销的费用太多了，他想把高管费用报销额度压下来，可自己又抹不开面子硬压。于是，他想了个办法，让财务部每月月初把每位高管上月的费用报销情况在企业内网公布出来，按各位高管报销额高低排序。同时还公布每位高管的费用报销明细。

这样一来，每位高管的费用报销等于都要接受公司全员监督。为了顾全自己的颜面，一贯"多吃多占"的高管会控制报销冲动，费用能省点就省点，能不报就不报。最后，总经理发现这个方法很有效，公司每月的费用报销额降下来了。

### （2）需重点关注的几类高管费用报销

如果企业决定要对高管的费用报销进行监控，我建议重点关注三个方面。

第一，关注敏感费用科目，如招待费、会议费、培训费、差旅费、办公用品费等，这些费用科目很容易出问题，容易滋生腐败。

第二，关注高管假借下属名义报销费用。有些高管报销费用时会刻意规避财务总监、总经理审批。例如，他们会把发票交给自己的下属来报销，最后由自己审批，下属再把报销款转给他们。如此操作，这些高管报销费用时等于绕开了应有的审批环节。

第三，高管在子（分）公司有兼职的，监控触角应延伸到其兼职的子（分）公司，以免高管绕开总部对其费用报销的监管。

### （3）发挥"一把手"的表率作用

企业高管的费用报销能不能管好，发挥"一把手"的表率作用十分关键。作为企业"一把手"，应有严于律己的心胸和格局，在费用报销问题上，"一把手"的表率会有强烈的示范作用。

# 第九章

## 备用金的账务处理

　　备用金在会计处理上往往挂在"其他应收款"科目。可"其他应收款"科目核算的内容却鱼目混珠，其主体大致分三类：一是真实的备用金，二是企业的潜亏（无票费用挂账），三是大股东从企业"拿"走的资金。真实的备用金在会计处理上并不难，借款人为企业花销了，凭票报销即可；如果备用金没有开支出去，把钱还回企业即可。麻烦的是，潜亏与大股东"拿"走的钱该如何处置。

## 49. 长期挂账的"其他应收款"该如何处置

正常而言,"其他应收款"科目的余额不应太大。如果余额居高不下,那就要思考"其他应收款"科目核算内容的实质了。一些企业的"其他应收款"早已变味了,它们中绝大部分款项是收不回来的,要么是没有取得发票的费用,要么是送出去的"人情",要么是利益方拆借的资金,要么是企业大股东拿走的分红,或是变相的薪酬,当初之所以把它们记入"其他应收款"科目,有许多现实的"无奈"。现在的问题是,账务要规范化,企业要降低税务风险,长期应收款该如何处置呢?

### (1)凭票入账不等于找替票入账

会计人员有根深蒂固的"凭票入账"的观念。很多人第一想法是找发票报销,却苦于找不到合情、合理、合法的发票。于是想走"邪路"，找替票报销。提个醒，这种做法是违法违规的，会计人员一定要有"红线"意识。

### （2）没有发票也可入账

如果费用真实发生了，没有发票该怎么办呢？无须着急，没有发票一样可以入账。如果有证据表明其他应收款是挂账的费用，正常按费用名义入账即可，入账时需提供的证据可以是收据、小票等。只是这部分费用不能在企业所得税税前扣除。

虽然存在费用发生后拿不到发票的情形，但大多数时候没有发票并非对方不开具，而是企业选择了不要发票。例如，商家为了逃税，会提出不要发票可以优惠的条件。不少企业会因此选择低价格，放弃发票，这时没有发票是企业"自私"的选择。这样的选择务必要谨慎，不要发票虽能降低价格，但后续可能会多交企业所得税、增值税、附加税。

### （3）不能证实费用真实发生的，有被认定偷逃个人所得税的风险

极端的情况是，既没有取得发票，又没有证据表明挂账的"其他应收款"是正常的费用。这时会计做账就要小心了，这种情况下如果直接将其做费用化处理，费用除了不能在企业所得税税前扣除，还可能涉嫌偷逃个人所得税。属于内部员工挂账的，

税务机关可能认为这是企业给员工发放薪酬福利；属于外部人员借款的，税务机关可能认为这是企业支付的劳务报酬。

### （4）计提坏账也是一种处理方式

除了做费用报销外，有没有稳妥点的处理办法呢？有，确实不能收回的其他应收款不妨考虑计提资产减值，并且其他应收款也是能够计提坏账准备的。

做账与计税是两个不同的概念。针对长期挂账的其他应收款，企业应分类处置，属于费用的应费用化；属于薪酬、劳务费、分红的，应补交个人所得税。实在收不回来的借款，会计做账时可根据会计政策计提坏账。但要注意，计提的坏账不一定能得到税务机关的认可，汇算清缴时要记得做纳税调整。

### （5）股东大额借款很敏感

有些股东为了逃避个人所得税，将工资、奖金、分红等长期挂在"其他应收款"科目，这正是税务机关要处罚的"自作聪明"。还有一种情形是股东从企业把钱拿走了，这是很敏感的事情，如果金额比较大，上述处理方式都不适用。下面就重点讲讲大股东借款存在的风险。

# 50. 大股东借钱不还，需提防的三个风险

民营企业"家财务"是常见现象：企业经营者（大股东）的钱就是企业的钱，企业的钱也是企业经营者（大股东）的钱，混淆了法人与个人的界限。企业经营者（大股东）从一开始就把企业当成自己的提款机，甚至没有考虑过这样做会存在风险。

在会计核算上，大股东从企业把钱"拿走"或借走，会计分录为：

借：其他应收款——大股东

贷：银行存款

这样做分录等于是确认大股东对企业负有一笔债务。债务长期挂账可能会触及以下三个方面的风险。

## （1）债务风险

欠债还钱是天经地义的事。如果企业股东只有大股东一人，或大股东夫妻两人，这笔债务企业不会主动向大股东追偿。一旦企业发生了股权变更，第三方股东就可能要求大股东归还所欠企业债务。

还有，如果企业到期不能偿还外部债务，而大股东却又占用企业大额资金的，债权人可以向法院提起诉讼让大股东承担偿还责任。

## （2）税务风险

按照相关税务规定，股东借款超过一年没有归还，且不能证明是用于生产经营的，税务会将之视作分红，按 20% 的税率征收个人所得税。不少企业的大股东个人资金、企业资金不分，或许无心逃税，但可能因此承担涉税风险。建议大股东要有这方面的税务风险意识，至少做到在年末时把钱还给企业。

## （3）违法风险

如果大股东从企业借款，手续不完整，极易触发刑事责任。现在虽不再提抽逃注册资金了，但此行为极有可能被认定为挪用资金或职务侵占。

如果企业另有第三方小股东，大股东从企业借钱没有取得小股东同意的，很可能会被小股东举报。举报一旦成立，大股东的借钱行为无论被定性为挪用资金还是职务侵占，都要承担相应的刑事责任。

大股东因为有企业的实际控制权，在资金安排上有极大便利。但便利行事不可糊涂行事，大股东一定要注意保护好自己，千万不要轻信股东关系与口头约定。要想防止上述三类风险，建议企业与大股东采取以下措施：

第一，借款之前通过董事会决议或股东会决议，得到股东或董事的认可，明确大股东借款不是个人私下的行为；

第二，签订借款协议，约定借款期限，约定借款利息，企业逐月计提借款利息，明确借款属性。

当然，我更希望大股东能做到公私分明，规范财务管理，这是杜绝此类风险的最佳方法。

## 51. 企业向个人借款，利息如何做账务处理

当企业资金紧张时，对外融资几乎是必然的选择。如果股权融资有困难，借款就成了必需。企业可以向银行借款，也可以向其他企业拆借，还可以向个人借款。对于中小企业而言，因为抵押与担保能力受限，企业缺钱时，向个人借款（尤其是向股东借款）是比较普遍的现象。以下主要为大家介绍企业向个人借款时的账务处理与税务处理。

### （1）签订借款合同很重要

企业向个人借款时，一定要签订借款合同，合同中要约定清楚借款额度、借款期限和借款利息。之所以重点提到要签订借款合同，有以下原因。

① 明确债权债务关系，避免后期出现不必要的争执和麻烦。

② 未来企业向个人还款时，可从容应对金融监管。企业向个

人转款，如果没有正当理由，额度是受限的，到时需要企业向银行提交借款合同等资料接受审查。审查通过后，企业方能正常向个人账户进行大额转账。

③ 个人到税务机关代开借款资金使用费发票时，税务机关也要看借款合同。

### （2）借款的账务处理

个人把资金借给企业，企业自然需要将之确认为债务。要特别说明的是，会计人员在进行账务处理时，不能将之记作"短期借款"或"长期借款"。"短期借款"和"长期借款"科目主要核算企业向金融机构的借款，企业向个人借款只能通过"其他应付款"科目进行核算，明细科目可设定为借款人姓名，如"张某"。

① 借款时的会计分录为：

借：银行存款

　　贷：其他应付款——张某

② 还款时的会计分录为：

借：其他应付款——张某

　　贷：银行存款

企业向借款人支付利息，要记得代扣代缴个人所得税，利息确认为"财务费用"即可。

借：财务费用——借款利息

贷：银行存款

其他应付款——代扣代缴张某个人所得税

### （3）借款利息的涉税处理

企业（债务人）向个人（债权人）支付利息时有个问题比较棘手，就是个人（债权人）不能开具发票。企业若不能取得发票，意味着利息费用不能在企业所得税税前扣除，汇算清缴时需做纳税调整。

个人（债权人）虽不能开具发票，但可通过税务机关代开发票。企业（债务人）可以要求个人（债权人）到当地税务机关或上税务网站申请代开发票，此类事项可开具名目为"资金使用费"的发票。

需要特别注意，针对资金使用费，税务机关只能代开增值税普通发票，增值税征收率为3%，税额需由个人（债权人）先行缴纳，并同步缴纳附加税。此外，代开发票时个人（债权人）需就取得利息收益预缴1.5%的个人所得税，其余个人所得税由企业代扣代缴。现在已有部分地市税务给个人代开发票时，不再要求个人预缴个人所得税了，个人所得税全部由企业代扣代缴或预扣预缴。

【例9-1】张某借款100万元给甲公司，约定年利率为12%，一年期满后甲公司向张某还本付息 112 万元。张某到税务机关代开资金使用费发票，缴税情况如下：

增值税应纳税额 =（1 000 000 × 12%）÷（1+3%）× 3%
$$= 3\ 495.15（元）$$

附加税应纳税额 =3 495.15 × 12%=419.42（元）

个人所得税预缴 =1 000 000 × 12% × 1.5%=1 800（元）

企业代扣代缴个人所得税 =［（1 000 000 × 12%）−3 495.15−
419.42］× 20%−1 800
$$= 21\ 417.09（元）$$

税后利息 =120 000−3 495.15−419.42−1 800−21 417.09
$$= 92\ 868.34（元）$$

这笔借款名义利息为 120 000 元，张某税后实际能收到的利息为 92 868.34 元。增值税、附加税、个人所得税合计能占到利息总额的 22.61%。

现实操作中，个人（债权人）往往会要求企业（债务人）代为承担各种税费，如增值税、附加税、个人所得税，如果企业（债务人）接受，企业（债务人）代付这些税费时只能将之记入"营业外支出"科目，且不得在企业所得税税前扣除。

借：营业外支出——代交税费

　　贷：银行存款 / 库存现金

### （4）借款利息在企业所得税税前扣除的上限

对于企业（债务人）来说，取得了个人从税务代开的"资金使用费"发票后，利息费用是否就能全额在企业所得税税前扣除呢？不一定。企业需比照税务机关认可的扣除标准，即不高于按金融机构同期贷款利率计算出的利息水平。也就是说，不高于金融机构贷款利息水平的部分，允许在企业所得税税前扣除；超出的部分，不得在企业所得税税前扣除。

# 第十章

## 汇算清缴时涉及的
## 费用问题

　　企业每年对企业所得税进行汇算清缴时，常常会涉及费用的纳税调整。出现这样的情况，自然是因为税务口径与会计口径存在差别，当然也可能是因为费用报销时存在不合规的地方。对会计人员而言，应搞清楚企业所得税汇算清缴时的特殊点，这些特殊点包括不能在企业所得税税前扣除的费用、能部分在企业所得税税前扣除的费用、能在企业所得税税前加计扣除的费用、需延后到下一年度企业所得税税前扣除的费用。

## 52. 营业外支出能在企业所得税税前扣除吗

营业外支出给人的感觉就是费用与企业的经营无关，因此它不能在企业所得税税前扣除。但不尽然，仍有部分营业外支出属于例外，可以在企业所得税税前扣除，下面就给大家举例说明。

### （1）企业的捐赠支出

如果企业通过官方认可的渠道捐赠，在年度利润总额 12% 的比例范围内，捐赠额可以在企业所得税税前扣除。

### （2）企业经营性罚没支出

如拖欠货款、贷款支付的罚息，延期交付商品或服务支付的违约金，可以在企业所得税税前扣除。注意了，企业的行政性罚没支出记入"营业外支出"科目的，不能在企业所得税税前扣除。

### （3）企业债务重组的损失

如债务人经营前景不妙，财务状况堪忧，全额收回应收账款有困难的，债权人与债务人达成债务重组协议，协议中放弃的那部分债权就是债务重组的损失，债务重组损失可以在企业所得税税前扣除。

## 53. 发票跨年，费用能否在企业所得税税前扣除

跨年的发票能否在企业所得税税前扣除呢？估计许多会计人员都有此疑问。在实际工作中，我就分别听到过不同省市的税务人员给出过不同的答复：

- 绝对不行；
- 每年汇算清缴前可报销上年度的发票；
- 每年1月底前可报销上年度12月的发票。

到底哪个答复更靠谱，会计人员恐怕要与单位的主管税务机关沟通后才能确定。不过，上述三个答复也有一个共同点，均认为时间久远的跨年发票不能在企业所得税税前扣除。

会计人员有此疑问，本身就说明在其潜意识里认为费用是不能跨年的，这是配比原则与权责发生制原则的基本要求。但实际情况不容否定，费用发票跨年度报销是客观存在的。例如，员工12月出差，次年1月才返回，自然有部分费用发票会跨年。再如，对方在上年度已经开具了发票，由于款项未全额支付等原因而拖延至次年才拿到发票。

费用发票跨年涉及两个层面的问题：一是会计处理，二是税务处理。

## （1）会计处理

一般情况下，会计处理体现权责发生制原则，注重实质重于形式。例如，2022年取得的发票列支为2023年的费用，原则上是不允许的，但有变通的处理方式。如果费用金额较小，可以直接计入2023年的费用；如果金额较大，就要通过"以前年度损益调整"科目进行会计处理。

可见，在会计处理上更看重实质，只要费用真实发生了，是可以入账报销的。

## （2）税务处理

跨年发票报销问题的关键在于，跨年的费用发票入账后（无论是记作本年费用，还是记作"以前年度损益调整"），税务能否认可它在企业所得税税前扣除。国家税务总局公告 2011 年第 34 号和国家税务总局公告 2012 年第 15 号对此作了解释，解决了纳税人跨年度取得发票的税前扣除问题。公告的主要精神是：

① 所得税预缴时可暂按账面发生金额核算，汇算清缴时按税法规定处理，这样就避免了退税的烦琐手续；

② 逾期取得的票据等有效凭证，在做出专项申报及说明后，可追溯在成本、费用发生年度税前扣除，即企业应先行调增成本、费用发生所属年度的应纳税所得额，在实际收到发票等合法凭据的月份或年度，再调减原扣除项目所属年度的应纳税所得额；

③ 在费用支出等扣除项目发生的所属年度造成的多缴税款，可在收到发票的年度企业所得税应纳税款中申请抵缴，抵缴不足的在以后年度递延抵缴；

④ 申请抵缴或者要求税务机关退还税款的，时限不得超过三年。

综上，我们可以提炼出简单易懂的规则：费用真实发生，跨年也可入账，申报可以抵扣，时限不能太长。

为了减少不必要的麻烦，企业还是应尽量避免发票跨年入账。对财务部门而言，应做到以下几点：

① 向全体员工宣贯发生费用后及时报销；

② 要求企业采购部门及时与供应商、服务商对账，并通知对

方及时开票；

③ 费用真实发生了，即便发票尚未取得，先预估做账；

④ 汇算清缴时，真实费用尚未取得发票的，应做纳税调整；

⑤ 以后年度获得发票的，及时向税务说明，申请抵缴或退税。

## 54. 费用跨年，需要调账、调表、调税吗

费用跨年，很多会计人员会觉得比较麻烦，因为它可能涉及调账、调表、调税等问题。费用跨年涉及多种情形，针对不同的情形，企业应做出不同的账务与税务处理。具体分析如下。

情形一：2022 年 11 月，A 公司销售合同违约，按合同约定，需支付客户 1 万元违约金。财务部依据该合同约定预提了 1 万元的违约金。这笔违约金在 2023 年 1 月支付了。A 公司 2022 年企业所得税汇算清缴在 2023 年 4 月完成。

这种情形下，A 公司直接将 1 万元违约金确认为 2022 年费用即可，不涉及调账、调表，也不涉及调税。

情形二：2022 年 11 月，A 公司销售合同违约，按合同约定，需支付客户 1 万元违约金。财务部依据该合同约定预提了 1 万元的违约金。这笔违约金在 2023 年 8 月才支付。A 公司 2022 年企业所得税汇算清缴在 2023 年 4 月完成。

这种情形下，A 公司也可以将 1 万元违约金确认为 2022 年

费用，但这笔违约金不得在 2022 年企业所得税税前扣除，在做 2022 年企业所得税汇算清缴时，需对此费用做纳税调整，调增应纳税所得额。

待 2023 年 8 月，A 公司实际支付了这笔违约金后，会计人员应将这笔费用追溯至 2022 年度企业所得税税前扣除。如何追溯扣除呢？一是向税务机关申请退税，二是留待 2023 年扣除。实操中，申请退税不太现实，留抵比较常见。有一点需要说明，费用往前找补抵税，是有时间限制的，最长不得超过五年。

根据上述分析，我建议 A 公司不要把这 1 万元违约金计入 2022 年的费用，直接确认为 2023 年的费用更省事。

**情形三**：2022 年 12 月，A 公司发生了一笔咨询费，金额 100 万元，费用发票尚未取得，会计人员基于权责发生制原则将这笔费用记录在了 2022 年 12 月。A 公司于 2023 年 1 月取得了发票，在 2023 年 4 月完成了 2022 年度企业所得税汇算清缴。

2023 年 1 月，如果 A 公司取得的发票的开具日期为 2022 年 12 月，会计操作比较简单，把发票直接贴在 2022 年 12 月对应的凭证后面即可。

如果 A 公司 2023 年 1 月取得的发票的开具日期就是 2023 年 1 月，也可比照上述操作处理，把这张发票贴在 2022 年 12 月对应的凭证后面即可，建议用文字备注一下原委。

此种情形下，无须对该笔费用调账、调表、调税。

**情形四**：2022 年 12 月，A 公司发生了一笔咨询费，金额

100万元，费用发票尚未取得，会计人员基于权责发生制原则将这笔费用记录在了2022年12月。A公司在2023年5月才取得发票，但在2023年4月完成了2022年度企业所得税汇算清缴。

因为在2022年企业所得税汇算清缴之前，A公司未能取得这100万元咨询费的发票，所以需要就此费用做纳税调整。

2023年5月，A公司取得这笔咨询费的发票后，会计人员应将这笔费用追溯至2022年度税前扣除。A公司可向税务机关申请退税，也可将这100万元费用留待2023年扣除。

**情形五：** 2023年1月，A公司会计人员发现尚有一笔咨询费没有入账，发票日期为2022年12月1日，金额为100万元。此时A公司已经封了2022年的会计账。

这种情形下，我相信大多数会计人员的想法是反结账，把这100万元的咨询费补充做进2022年的账里去。尽管这样操作略显随意，但不得不说，这是最省事的做法。

但A公司的账务管理制度严格，不允许会计人员反结账，鉴于这笔费用金额较大，需要会计人员在2023年1月通过"以前年度损益调整"科目来处理这笔咨询费。会计分录如下（未考虑企业所得税影响数）：

借：以前年度损益调整　　　　　　　　　　　1 000 000

　　贷：预付账款　　　　　　　　　　　　　　1 000 000

借：利润分配——未分配利润　　　　　　　　1 000 000

　　贷：以前年度损益调整　　　　　　　　　　1 000 000

这样处理，等于是调表不调账，麻烦在于 A 公司 2023 年 1 月的资产负债表期初未分配利润＋本期净利润≠期末未分配利润。差额就在这 100 万元咨询费的影响上。

因为 2023 年 1 月 A 公司尚未完成 2022 年企业所得税汇算清缴，待公司进行 2022 年企业所得税汇算清缴时，会计人员可以直接按照调整后的利润表申报企业所得税，无须对这 100 万元费用做纳税调整。

**情形六：2023 年 5 月，A 公司会计人员发现尚有一笔咨询费没有入账，发票日期为 2022 年 12 月 1 日，金额为 100 万元。此时 A 公司已完成 2022 年企业所得税汇算清缴。**

会计处理同上，分录如下（未考虑企业所得税影响数）：

借：以前年度损益调整       1 000 000

  贷：预付账款        1 000 000

借：利润分配——未分配利润    1 000 000

  贷：以前年度损益调整     1 000 000

这种情形的问题在于"调表不调账"，这将导致 A 公司 2023 年 5 月的资产负债表期初未分配利润＋本期净利润≠期末未分配利润。

因为 2022 年汇算清缴已经完成了，A 公司的会计人员补录这笔费用后，应将该支出追溯至 2022 年度税前扣除，向税务机关申请退税，或者留待 2023 年扣除。

**情形七：2023 年 1 月，A 公司会计人员发现尚有一笔发票**

日期在 2022 年的办公用品费没有入账，金额为 1 000 元。此时 A 公司已经封了 2022 年的会计账。

如果能反结账，会计人员可以把这 1 000 元办公用品费记录在 2022 年 12 月。如果不能反结账，如情形五，可以通过"以前年度损益调整"科目处理。

考虑到这笔费用金额较小，为了不增加会计核算的成本与难度，A 公司也可以将这笔费用直接记录为 2023 年 1 月的费用。这样做，不用调账，不用调表，也不用调税。

## 55. 汇算清缴时不能税前扣除的费用类型

一年结束了，企业所得税汇算清缴少不了要做一些纳税调整。企业所得税纳税调整很大一部分工作量在费用调整上。下面就介绍一下不能在企业所得税税前扣除，需做纳税调整的费用类型。

### （1）未取得发票的费用

前面讲过，企业经营中经常能碰到费用真实发生了但没有发票的情形。会计强调实质重于形式，只要费用真实发生了，即便没有发票，会计人员做账时也应该把它确认为费用。但税务以票控税，如果没有发票，税务不会允许这类费用在企业所得税税前扣除。

### （2）发票不合规的费用

取得的发票如出现以下情形，应视为不合规发票，对应的费用不允许在企业所得税税前扣除：内容填写不全的发票、字迹不清的发票、有明显涂改迹象的发票、无发票专用章的发票、数量单价不明确的发票、金额不明确的发票。发票不合规和没有发票性质是一样的，会计做账确认费用后，费用不得在企业所得税税前扣除。

如果取得的是虚假发票，包括"假的真发票"与"真的假发票"，对应的费用需做纳税调整。

### （3）跨五年的发票

根据规定，企业取得跨年发票，在做出专项申报及说明后，准予追补五年。

### （4）总分公司串用的发票

一家公司总部设在北京，分公司设在上海，北京总部的发票能在上海分公司报销吗，或是上海分公司的发票能在北京总部报销吗？

对于这个问题，主要看分公司是否独立核算。如果分公司不是独立核算的，分公司的发票可以到总部报销；如果分公司是独立核算的，因两个主体纳税申报的地方不一样，税源不能搞错，谁的发票谁报销。

### （5）与生产经营无关的支出

企业所得税税前扣除的成本费用要与企业的经营管理相关，与业务收入相关。

有个很有趣的案例：

某公司总经理花 10 万元买回一尊佛像，并且取得了正规发票。拿到公司报销时，会计人员犯难了，这尊佛像会计做账时该记入哪个科目呢？如果记作"固定资产"，可能不妥。如果直接做费用，在管理费用、销售费用或营业外支出中，个人理解记作"营业外支出"更合适。同时，由于佛像的费用支出与正常经营管理活动无关，因此企业所得税税前是不允许扣除的。

从这个案例，展开来讲，凡是与企业经营管理活动无关的支出，如企业经营者的个人支出、家庭支出等均不能在企业所得税税前扣除。如果此类费用在企业报销了，还会造成偷逃税嫌疑，一方面是偷逃个人所得税，另一方面是偷逃企业所得税。

### （6）替别人支付的费用

如企业租用民宅，房东到税务代开发票，由企业承担税点；企业找个人借贷，支付利息时企业承担税点。这些税点本应由房东或债权人负担，企业等于替他们交税了。这些税费不属于企业的费用，会计做账时只能记入"营业外支出"科目，且不得在企业所得税税前扣除。

### （7）通过非正式渠道或非税务机关认可的渠道做的捐赠

企业通过公益性社会组织或者县级（含县级）以上人民政府及其组成部门和直属机构，发生的用于慈善活动、公益事业的捐赠支出，在年度利润总额 12% 以内的部分，准予在计算应纳税所得额时扣除；超过年度利润总额 12% 的部分，准予结转以后三年内在计算应纳税所得额时扣除。

如果不是通过上述渠道做的捐赠，捐赠金额不得在企业所得税税前扣除。

### （8）企业计提的资产减值

税务一般不允许资产减值在企业所得税税前扣除。以应收账款为例，计提的坏账准备是不可以税前扣除的，在汇算清缴时要调增应纳税所得额，只有实际发生的坏账损失经税务机关批准后才可以税前扣除。

什么是"实际发生的坏账损失"呢？能得到税务机关认可的条件很严苛，需要企业有确凿证据表明应收账款收不回来了，如证明债务人死亡、负债企业破产等。

### （9）行政罚没支出

企业在经营管理过程中由于"行为不检点"，可能会有罚没支出，这类支出税务上一般不允许税前扣除。

哪些罚没支出不能税前扣除呢？具体如下：

①违法经营的罚款和被没收财务的损失；

②各项税收的滞纳金、罚金和罚款；

③行政性罚款，如消防安全不达标导致的行政罚款。

但有一类罚款可以在企业所得税税前扣除，即履行商业合同不力导致的违约金与赔偿款。例如，企业从银行贷款，不能按时还款所交的罚息，税务就允许其在企业所得税税前扣除。

### （10）有些费用只允许部分扣除

最常见的当属业务招待费。业务招待费按发生额的 60% 扣除，最高不得超过当年销售（营业）收入的 5‰。税法似乎并不鼓励企业发生业务招待费，因而对业务招待费在税前扣除有严格的规定。

### （11）部分费用限额扣除，超过限额部分可以延后扣除

例如，职工福利费超过当年工资总额 14% 的部分不得在企业所得税税前扣除；职工教育经费超过工资总额 8% 的部分不得在企业所得税税前扣除。超过部分可无限期向以后纳税年度结转，继续按前项规定扣除。

另外，纳税人每一纳税年度发生的广告费支出，不超过营业收入 15% 的，可据实扣除；超过部分可无限期向以后纳税年度结转。针对特殊行业发生的广告费的企业所得税税前扣除问题，现行政策规定如下。

对化妆品制造或销售、医药制造和饮料制造（不含酒类制造）企业发生的广告费和业务宣传费支出，不超过当年销售（营业）收入 30% 的部分，准予扣除；超过部分，准予在以后纳税年度结转扣除。

烟草企业的烟草广告费和业务宣传费支出，一律不得在计算应纳税所得额时扣除。

# 第十一章

## 降成本费用是
## 财务管理永恒的主题

　　降成本费用是企业财务管理永恒的主题。降成本费用说易行难，难就难在不容易找到合适的降成本费用的方法，以及很难精准识别该降哪些成本费用。从某种意义上说，成本费用是企业业务拓展的润滑剂。如果降成本费用的着力点不对，极可能会损害企业业务的拓展。对企业管理者而言，降成本费用的思维应有所突破，要改变过去那种只关注一时一事的做法，企业管理者应从全员全流程角度出发，尽可能减少企业无效的控制节点，竭力降低企业的运营成本。

## 56. 降成本费用可为、难为、慎为

不管是什么样的企业，也不管企业处在什么发展阶段，降成本费用这个主题都可以拿出来说一说。事实上，大多数企业降成本费用的效果并不理想。降成本费用，往往只是企业的宣传口号，而非切实的管理行动。我注意到一个现象，许多企业只会在经营困难时才真正贯彻"降本增效"，问题是，拖延至此，降成本费用已于事无补。

### （1）开源节流两手抓

企业要想获得更多的利润，唯有开源、节流两手抓，开源为主，节流为辅。"节流"的核心思想就是降成本费用。当企业"开源"比较顺畅时，"节流"一般不会提上管理日程。常常有人调侃"不会花钱的人就不会挣钱"，企业顺风顺水，大家会把多花钱当作"开源"的润滑剂。此时倘若有人跳出来说"我们该降低

成本费用了"，大概率会被认为不合时宜，会被认为是存心打击业务的积极性。

正因为如此，企业突然提出降成本费用，极可能传导出非常消极的信号，如企业亏损了、企业陷入困境了、企业资金链快断了、企业快破产了……因为有这样的担心，又会倒逼企业谨慎出台降成本费用的举措。

### （2）降成本费用的两难

降成本费用的举措即便出台了，能否达成效果尚需打一个大大的问号。企业降成本费用有两大难题：

第一，得不到员工的拥护，员工不能从降成本费用中得到收益，就不会主动去配合企业降成本费用，没有员工自觉参与，降成本费用的举措很难落地；

第二，降成本费用很难带来实效，宣传上或许雷声大，但在收益上却雨点小，一番操作下来，最终希望降低的成本费用没有降下来，而降下来的成本费用又制约了业务拓展，可谓本末倒置。

这两难会让企业在"降本增效"问题上陷入尴尬境地：不做，失职；做了，失策。最后就形成了这样的结果：降成本费用，说说可以，真做，就免了吧！

### （3）如何做好成本费用控制

企业该如何做好成本费用控制呢？任正非先生曾表示，企业管理中最难的是成本费用控制，没有科学合理的成本费用控制方法，企业就处在生死关头，全体员工都要动员起来优化管理。企业关键要有"科学合理的成本费用控制方法"。管理优秀的企业控制成本费用，强调建立"全员全流程的盈利意识"，立足于降低企业的运营成本。

企业降成本费用是有讲究的，不是什么成本费用都能降。企业倡行降成本费用时需要做三个区分：

第一，把战略投入与经营投入分开，不能为了降低眼下的成本费用而损害企业的长远利益；

第二，把客户界面与内部运营分开，降成本不能削减客户的获得感，更不能压缩客户界面的预算去填补内部运营投入的不足；

第三，人员费用与业务费用分开，不能轻启裁员这样的极端手段，不要压缩员工利益缓解业务费用之紧张。

做这三个区分的目的只有一个，企业降成本费用应立足经营层面、管理层面，要从内部挖潜。

内部挖潜是有优先顺序的，挖潜可分五步走。

第一步，把装点门面、打肿脸充胖子的成本费用预算全部砍掉。

第二步，把可花可不花、可早花可晚花的成本费用预算先压住。这样的成本费用预算不是不给，而是要等有钱了再考虑。

第三步，把享受型、舒适型费用预算压缩一部分。

第四步，把低产出的成本费用优先省下来。对于与业务拓展有关的成本费用，要比较支出后产生的效果。

第五步，只有火烧眉毛的事才花钱。资金是企业的血液，造血机能没有完全恢复的前提下，企业要尽可能延缓失血，多撑一会儿是一会儿。

降成本费用应持续为之，应贯穿于企业经营管理的全流程。降成本费用是企业锦上添花的举措，如果只是把降成本费用当作企业危难的急救手段，降成本费用可能事与愿违。在降成本费用的问题上，企业管理者与会计人员要有耐心，要有定力，不能心存"毕其功于一役"的想法。

# 57. 降成本费用的节点

企业降成本费用，说的多，真正做的少，而做好的就更少了。为什么会这样呢？所谓成本费用，说白了就是花钱。花钱的过程是能够让人产生愉悦的，仅此一点就决定了成本费用不太好降下去。在企业里面，大概除了企业经营者，没多少人会有积极性、主动性去降成本费用。

不可否认，确实有部分企业控制成本费用的措施比较严格，也做出了一些成绩。但这些成绩的取得往往是被逼出来的。

为什么这样讲呢？企业发展好的时候，市场拓展顺风顺水时，上至企业负责人，下至各级干部、普通员工，可能都不会刻意去想怎么控制成本。企业到什么时候会真正想着降成本费用呢？大概是在两个为难的节点。

第一个节点，市场已饱和。

当市场竞争由蓝海走向红海时，企业如果不认真控制成本费用，是要出问题的。

市场终归是会饱和的，当产品过剩时，市场竞争必然趋于白热化，这时降成本费用的价值就体现出来了。红海竞争一定是企业精细化管理的竞争，成本优势是企业重要的竞争优势。

当产品品质相当时，哪家企业的成本费用率低，就意味着这家企业的产品有更强的市场竞争力，这家企业也更有可能在接下来的市场血拼中获胜。当竞争对手在市场竞争中占有成本优势时，企业应有主动性去控制成本，否则企业在接下来的市场竞争中会越来越被动。

第二个节点，企业处于困境之中。

当企业一直亏损，现金流紧张，面临严峻的形势时，倘若企业还没有控制成本意识，将会加速陷入困境。这样的情形会逼着企业想办法，如果开源手段有限，节流就成了必要之举。

把成本费用降下来，能省一点是一点，目的是让企业活得久一点，或许多活半年，或许多活一年。有了这段时间缓冲，说不定市场就能迎来转机。一旦市场迎来转机，企业就有机会缓过劲儿了！

企业降成本费用的重要意义可以总结为两句话：一是给企业

在市场竞争中获胜的希望；二是让处于困境中的企业活得更长久，给它多一分可迎来转机的希望。

## 58. 降成本费用实用的六招

以效率衡量成本费用支出的必要性，企业自然能在优化管理的同时降低成本费用。如何优化管理，如何把优化管理与降低成本费用结合起来呢？下面就给大家介绍降本增效实用的六招。

第一，通过灵活设置工位降成本费用。曾有一位会计师事务所的合伙人和我分享了他们事务所降成本费用的方法。例如，为了降低事务所的写字楼租金，所里决定不给员工设固定工位，员工工位随机分配，因为事务所员工大多数时候出外勤，这样全所至少可减少三分之二的工位，工位减少了，写字楼的租赁面积自然也就减少了。

第二，通过返聘退休人员降成本费用。相关内容详见本书"42. 返聘退休人员，个人所得税怎么交"，这里不再赘述。

第三，通过加强 IT 建设降成本费用。企业 IT 建设搞得好，员工可随时随地办公，居家办公、远程办公都会成为有效的工作形式。此外，利用信息化手段、人工智能取代简单重复的操作类工作也可实现，这将极大提高工作效率。

第四，通过外包降成本费用。相关内容详见本书"59. 服务外包是值得借鉴的降成本费用模式"，这里不再赘述。

**第五，通过改进产品设计降成本费用。**产品的设计可以决定产品生产制造阶段的绝大部分成本。在设计环节降低产品的生产成本，这是生产制造型企业必要的降成本思维。降低产品的设计成本，应该重点做好三件事：①让所有的原材料都物尽其用，避免浪费；②尽量去除产品的冗余功能，追求产品的高性价比；③不要过度开发产品功能。

　　**第六，通过支撑部门与业务部门利益博弈降成本费用。**企业对业务部门按利润中心进行管理，支撑部门为业务部门提供服务时，要设定内部结算价格。有了这个价格，支撑部门可以核算内部收入，业务部门可以据此确定成本。如果对双方的利润都进行考核，支撑部门和业务部门就有了利益博弈。

　　当服务质量一样时，企业不妨允许业务部门选择外部更低廉的服务，这样一来，意味着内部支撑部门会无活可干。果真如此，企业可以取消这个冗余部门。这样的管理思想可以倒逼支撑部门内部挖潜，不断提升服务质量，不断降低服务成本，通过提升内部竞争力保证本部门还有存在的价值和意义。

## 59. 服务外包是值得借鉴的降成本费用模式

### （1）由一个案例引发的思考

　　某企业集团外迁市郊，为解决员工上班出行问题，企业拟开通班车。班车预计开通 40 条线路，满足 2 500 人的出行需求。如何解决班车问题，有两个思路，一是租赁外包，二是自行购置。鉴于出租公司报价较高，最后集团总经理办公会决定自行购置班车。

等到落实后企业才发现，购置班车产生的问题远比当初预想的要复杂。

40 条线路购置了 40 辆班车，运行一段时间后，班车不时出现故障，车辆修理导致不能正常运行，企业不得不多购置了两辆班车备用。40 辆班车招聘了 40 名司机，因司机有病假、事假，还有年休假，不能满负荷工作，企业又多招聘了两名司机作为机动人员。这些司机涉及调度与管理，公司必须安排专人负责。班车除了正常的运行成本，还涉及保养、维修、交通事故赔偿等支出。

班车运行一年后，集团财务发现自行购置班车综合成本远高于租赁外包的成本。最后，该企业集团领导决定将班车连同全部司机整体转让给租赁公司，再从租赁公司租赁班车服务。

这个案例很有代表性，企业让别人赚钱的同时，自己也省钱了。

## （2）外包的常见形式

外包降成本费用较常见的形式有以下五种。

① 生产外包，如生产制造型企业、建筑企业可以将生产与建安外包，有些企业就主要承接这类代工业务。

② 销售外包，又叫代销，如我们熟知的用友公司，其软件销售主要由代理商负责，用友公司不直接面向消费者。

③ 客户服务外包，产品售出后，产品安装、维修、客户咨询都交给第三方负责。

④ 后勤外包，常见的有班车、食堂、物业外包。华为公司是较早践行服务外包的企业，如餐饮、班车、公务车、IT 支持等业务早就实行外包了。

⑤ 行政职能外包，企业可将人事、财务、行政等事务外包给相应的专业公司，以财务共享服务中心为例，它可以作为独立的会计服务存在，这意味着企业可能通过会计服务外包而成为财务共享服务中心的客户。

### （3）服务外包的核心思想是聚焦主业

未来的企业会发展成什么样子呢？首先，不再面向客户直销，让部分利给代理商，庞大的销售队伍不复存在；其次，将生产外包给代工工厂，不再需要采购、仓储及产业工人。企业要做的是调研客户体验，研发新产品与新功能，通过持续创新维持高额利润，不断用时尚的产品抓住客户。

职能大而全的企业往往存在诸如管理难度大、"部门墙"多、运作效率低等弊端。随着社会分工的细化和企业经营压力的加大，企业开始"减负"，体现出轻资产运营的特色。例如，生产外包优势就十分明显，企业无须投入资金建厂房、购设备、养工人，可极大提高资金的周转效率。

外包并不必然降低成本，毕竟增加了一道交易环节，承包方也需要有利润。外包降成本应通过剥离非核心职能提升企业运作效率来实现。以前我觉得外包会导致企业业务链条不完整，易受制于人。现在我反倒认为这可能是一种趋势，一方面，外包可实现专业的人做专业的事，从而提升效率、降低出错率；另一方面，企业可以精简机构、精减人员，团队更加精炼。

## 60. 全员全流程降成本费用的理念

企业在高速增长期是不太在意管理效率与成本费用的，只顾着奋力往前冲，认为撕开口子、抓住机会也许能得到更多。在市场高速扩张的时候，多抢订单，多签下合同就意味着企业有更多的利润。企业全力拼市场、抢机会时，财务管理一般是粗放式的，这时候几乎没有人在意降那么点成本费用。

有些企业提降成本费用时往往面临着危机，已经在走下坡路了，这时提降成本费用更像是作秀，只是为了传递压力。企业什么时候提降成本费用都没有错，这也是企业财务管理的一种态度。但光有态度是不够的，还要有合适的方法。如果方法不当，降成本费用反倒可能误导企业。

以生产制造业为例，生产制造企业经营压力普遍较大。很多生产制造企业陷入了产品低附加值、低价格、低成本的误区。因为产品没有特色，没有吸引消费者的独到之处，所以卖不上好价格。因为生产过剩，企业又急于把产品卖出去，这时降价销售就成了普遍选择。产品降价后，企业利润势必下降，为了保证基本利润，企业又要追求成本最低。为了降成本费用，有些企业就会搞"血汗工厂"、以次充好、偷漏税。

在企业经营顺畅时，践行降成本费用更易收到实效。只可惜，此时降成本费用的那点效果大家未必在意。企业经营碰到困难了，大家的感知就不一样了，此时降成本费用不只是锦上添花，它可能是雪中送炭，甚至是企业最后的自救之道。

全员全流程降成本费用的理念，是值得企业学习借鉴的。贯彻全员全流程降成本费用，需重点关注两个方面：

**第一，提高员工的平均产出，**人力资源管理上有一个重要理念，"减人——增产——涨工资"，淘汰低产出员工，提高员工人均产出水平，最终实现企业与员工双赢；

**第二，提升企业内部运作效率，**低效率与高成本相伴相生，减少管理层级、减少无效控制节点，这样不仅可以精简工作岗位，还可以加快工作周转，在相同的时间内做更多的事。

所有事情都需要人去做，降成本费用也离不开员工的理解与支持。积极宣贯与激励政策配套而行，让员工届时能分享降成本费用的收益，降成本费用就可能成为员工的自觉意识。

# 61. 评价成本费用控制效果的误区

### 误区一：成本费用与去年同期相比下降了

要做事就会有成本费用发生。一般来说，做的事越多，成本费用就越多；反之，则越少。一味强调降低成本费用总额，可能会导致责任人通过少做事来降成本费用，特别是少做那些眼下没有回报，但长远对企业有利的事情。

### 误区二：成本费用预算完成率好

成本费用预算的编制主要有两种方式，弹性预算和定额预算。对于与销售收入没有直接线性关系的成本费用，适用于定额预算；对于与销售收入有线性关系的成本费用，适合弹性预算。评价成本费用预算完成率的好坏，只适合定额预算。

### 误区三：成本费用率下降了

大家普遍认为，成本费用率可以反映成本费用使用的效率。但若将成本费用率高低作为控制成本费用的依据，就会有失偏颇。原因在于，企业追求的不是成本费用率最低，而是利润最高。以边际成本费用支出为例，即便支出后会拉升整体成本费用率，但只要这笔支出能创造增量收益，就是值得的。

　　正确评价成本费用控制效果的方法是看每笔成本费用支出能否给企业创造增量的收益。

# 在做会计的同时爱上会计

我的微信公众号"指尖上的会计"的介绍语是，"会计是我们工作的技能，也应是我们生活的乐趣"。会计人做会计工作自然是为了谋生，谋生的同时若能谋趣，这工作万金不易。

我与会计的缘分可追溯至 1996 年，这缘分是误打误撞得来的。

填报高考志愿时，会计是羞怯的背影，父母的心在上头，自己的理想跌到了下头。上大学时，会计是不易亲近的姑娘，我疯在校园外头，她藏在教材里头。毕业后，会计是无奈凑合的情侣，我聚焦在凭证这头，她袖手在税务那头。现在呢，会计是贴心的伴侣，我信心满满地站在讲台上头，她的倩影浮现在我的心头。

会计是个奇女子，与她邂逅在那年九月，没有一见钟情。她冷若冰霜、不苟言笑，哪里有半分女子的柔情。父母之命难违，只能娶了她。将就、磨合，忍了又忍。一天猛地发现，她也能解几分风情。人到中年，方始进入蜜月期。一旦爱上，发现以往的隔膜都是自己的错。她从来都这么可爱，是自己缺少发现的眼光。

上面这两段诗一样的语言说的是会计之美。但又有多少会计人具备这种发现美的眼光呢？我听过许多会计人抱怨自己不喜欢做会计，也不适合做会计，他们幻想着有一天能从事自己喜欢的工作。这是多么天真的"幻想"啊！喜欢的工作与适合干的工作本就不是一回事，喜欢的工作就一定能干好吗？干喜欢的工作一定能养家糊口吗？直面这两个问题，任谁都很难给出十分肯定的答复。

不喜欢会计工作又如何，不喜欢是因为不了解，不了解是因为未用心。做会计工作，即使不喜欢，只要用心了，同样能做好它。会计人倘若因为不喜欢会计工作，就抱怨做这份工作，这是不成熟、不理性的表现。试想，天底下又有多少人从事的是自己年少时钟情的工作呢？会计人把不喜欢会计当作不愿做会计的借口，既低估了自己的工作适应能力，也高估了会计职场精英们对会计工作的初始激情。

　　一个人初做会计，很少谈得上喜不喜欢、适不适合，估计也没多少人天生就喜欢会计工作，或者天生就适合做会计工作。适合是磨合后的结果，喜欢缘于煎熬后的获得。

　　上大学时学了会计，毕业后不做会计工作又能做什么呢？做会计工作自己好歹有专业基础，会计工作多少有职业门槛，这个基础与门槛是会计给会计人释放的善意。会计人又怎么忍心辜负这份善意呢！选择即是被选择，做会计工作几乎是会计人找工作时没有选择的选择。

　　**爱一行，干一行，是奢侈的就业观；干一行，爱一行，才是务实的择业观**。会计人是社会中的人，不务实是不可能的。既然选择了干会计，会计人就别抱怨了，因为抱怨并不能改变什么。在做会计工作的同时努力发现蕴藏其间的乐趣，并一点点获取成就感，会计人终归能适应会计工作，并最终爱上会计工作。

　　会计人与会计的结合如同一场凑合的婚姻，拒绝不得、挣脱不得。先恋爱后结婚当然好，先结婚后恋爱这样的夫妻也可能过得很幸福。既然如此，会计人请珍惜自己的"妻子"吧，虽然"她"看起来并不温婉，可"她"是个踏踏实实过日子的人。日复一日、年复一年的耳鬓厮磨后，会计人一定会彻底接受"她"，甚至会觉得"她"本就是最好的人生伴侣。

袁国辉

2023 年 1 月 15 日于北京